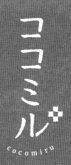

ココミル
cocomiru

U0076778

廣島 宮島

創造一次美好的
旅遊回憶♪

刺激感性的學習和發現
大人的修學旅行

充滿不可思議力量的神之島—宮島。

和平清盛有淵源的嚴島神社，

優雅的神社建築和周遭的大自然融為一體。

還有，廣島的平和記念公園內，

停止在夏天那一日的原爆圓頂館，

靜靜地傳達著祈求和平的訊息。

前往遊覽兩個具有強烈存在感的世界遺產。

左上起依序為「嚴島神社的大鳥居／嚴島神社 (P24)／平和記念公園的原爆圓頂館 (P68)」

知名觀光景點和水邊城市。可以品嘗當地的名產，或是在咖啡廳休息一下。

左上起依序為「廣島美術館（P78）週邊商品、原創吊飾（圓形）1234日圓／牡蠣屋（P36）的牡蠣料理（示意圖）／宮島的町家通／あなごめし うえの（P34）的星鰻飯／Caffe Ponte（P72）／平和記念公園（P68）」

要買什麼送人呢？
煩惱這個問題，
也是選購伴手禮的樂趣，
腦海會浮現重要的人的臉。

旅行的夜晚，
就沉醉在瀨戶內海的新鮮海鮮和
美味的酒裡，
度過特別的時光吧！

左上起依序為「にしき堂」(P102) 的新‧平家物語／熊野筆 SELECT SHOP (P85) 的化妝刷具組 (Happy Box)／長崎屋 (P81) 的瀨戶田檸檬／民芸 藤井屋 (P43)
的宮島玩偶／杓子の家 宮郷 (P43) 的飯匙／瀨戶內料理 広起 (P58) 的鮮魚料理／Cafe Central (P96) 的雞尾酒／酒藏魚好人 クダコ (P59) 的酒

廣島市區是什麼樣的地方？

世界上第一個遭受原爆的災區
現在是被河川和大自然包圍的水都

廣島是一個水都，有六條發源於太田川的大河流經此處。因為昭和20年8月6日投下的核彈，而受到毀滅性的災害，卻再次復甦。為了傳達原爆的可怕，並祈求永遠的世界和平，建設了象徵和平的平和紀念公園。此外，廣島也是中四國地方規模最大的鬧區，可以盡情享受美食&購物樂趣。

原爆圓頂館保留著遭受原爆破壞後的樣子，對岸有廣島和平資料館，兩棟建築之間隔著元安川遙遙相望。

滿潮時，嚴島神社的大鳥居看起來就像是浮在海上

宮島是什麼樣的地方？

豎立於海上的大鳥居是地標
蘊藏神秘力量的世界遺產之島

宮島是日本三景之一，自古就被人們尊崇為「神之島」。平安時代平清盛建造了嚴島神社的建築後，便成為很多武將的信仰中心。佇立於海上的嚴島神社，和前方的海、背景的彌山原始林融為一體，其建築之美獲得崇高的評價，並於1996年登錄為世界文化遺產。

造訪廣島·宮島前的
必備旅遊知識

廣島·宮島的必訪景點和名產美食等等，
充分預先了解旅行的基本資訊，享受一趟順利的旅程！

該怎麼去？

飛機、鐵路、巴士
多種路線，交通方便

如果要從札幌或是沖繩等較遠的地方前往，可以搭飛機到廣島機場（廣島機場到廣島站搭乘利木津巴士45分）。除了「NOZOMI希望號（のぞみ號）」以外，全部的新幹線列車都會停靠JR廣島站，因此從東京或大阪前往，搭乘火車也很方便。如果想要節省交通費用，也很推薦搭乘高速巴士前往（☞P135）。

如果搭乘在JR廣島站下車的高速巴士，下車後馬上可以去觀光！

廣島＋宮島 要花多少時間？

走馬看花需要一整天
想要慢慢玩則花兩天一夜

只要挑選幾個景點並有效率的移動，一天就可以遊覽完廣島和宮島。如果想在廣島市區購物＆享受美食，並盡情享受觀光，則推薦停留兩天一夜。雖然廣島市區有很多飯店（☞P108），但是也很推薦住在宮島（☞P44）。選擇宮島可以欣賞到夜間點燈的景色和早晨人較少的嚴島神社等等，體驗宮島不同風情的魅力。

在宮島的「藏宿いろは」
（☞P44）度過最棒的時光

再多觀光1天？

從廣島・宮島前往
可以當天來回的熱門觀光地

想到老街散步，可以到以錦帶橋而聞名的岩國（☞P118）或安藝小京都—竹原（☞P132）；喜歡喝酒的人，可以到酒廠之鄉—西條（☞P130）；在吳可以遊覽舊海軍的相關景點，並享受舊海軍的美食（☞P122）。也能走遠一些，從吳經由安藝灘飛島海道到有歷史的港都—御手洗（☞P128），也推薦到和平清盛有淵源的音戶瀨戶（☞P15）一遊。

錦帶橋是日本三名橋之一。
其建築工法不容錯過

第一次去廣島·宮島必看的什麼？

廣島市區的平和記念公園
宮島的嚴島神社一定要去 ！

平和記念公園內，坐落著世界文化遺產原爆圓頂館、廣島平和記念資料館及紀念碑等景點（☞P68），令人對原爆的可怕與和平的可貴留下深刻印象。在宮島先參拜嚴島神社（☞P24），如果還有時間，可以前往靈峰彌山（☞P32），觀賞絕佳的風景，彌山也是最近非常受歡迎的戀愛開運景點。

訴說原爆慘狀的
原爆圓頂館

嚴島神社壯麗的神社建築，
讓人不禁遙想起平家的繁盛

到彌山健行，
感受神祕的力量！

令人矚目的平清盛景點是？

在宮島和音戶瀨戶
有很多和平清盛相關的歷史遺跡

平清盛是活躍於平安時代末期的武將，和廣島、宮島有著深厚的淵源，因此兩地皆有很多相關景點，現在的嚴島神社就是平清盛所建。此外，平清盛為了縮短日宋貿易的瀨戶內海航路，不僅開鑿了音戶瀨戶海峽；在前往京都途中，還遭遇到暴風雨而漂流到了御手洗（☞P14）等等。

為了歌頌平清盛的功績而建立
的清盛塚，內有供養塔

想為旅行留下更深刻的回憶？

要不要試試看在嚴島神社進行珍貴體驗和水上遊覽？

在宮島，可以搭遊覽船和獨木舟（☞P28），從海上參拜嚴島神社、觀賞傳統藝能（☞P29）、夜間點燈（☞P46）等等，每一種活動都充滿特別的感覺。廣島市區則推薦可以體驗水都廣島的水上遊覽（☞P74），和去廣島MAZDA Zoom-Zoom球場（☞P104）看棒球比賽。

廣島世界遺產航路也是一個很方便的交通方式

在宮島推薦星鰻飯當作午餐

也可以在很多廣島燒店家，享用豐富的配料

不可錯過的美食是？

令人讚嘆的美味廣島燒和瀨戶內海的新鮮海鮮

說到廣島就會想到廣島燒，廣島燒的特色是薄薄的麵糊和大量的高麗菜（☞P50～），廣島市區有很多廣島燒店家，多吃幾家比較一下滋味也很棒。宮島美食有星鰻飯（☞P34）。此外，也請務必試試牡蠣等瀨戶內海的鮮魚料理（☞P36、56、58）、廣島風沾麵和乾擔擔麵（☞P60）等等。

伴手禮要選什麼好？

最基本的紅葉饅頭 時尚女性則贈送熊野筆

紅葉饅頭是廣島伴手禮的代名詞，從正統派到充滿玩心的紅葉饅頭皆有，種類非常豐富（☞P40、102）。傳統工藝品熊野筆，是使用起來非常舒服的化妝刷具，在本國內外都獲得好評，可以選擇自己喜歡的刷具（☞P84）。除此之外，也很推薦使用當地特產製作的伴手禮或廣島美食伴手禮等等（☞P81、102）。

只有當地才有這麼多熊野筆專賣店

宮島是紅葉饅頭的發源地

廣島・宮島是什麼樣的地方

以嚴島神社、平和記念公園
2大觀光景點為中心，
有很多好玩的地方。

嚴島神社和平和記念公園 這兩大觀光景點不容錯過

基本的路線以宮島的嚴島神社、廣島市區的平和記念公園為中心。兩個地方的景點都很豐富且集中，就算只有一天也可以走馬看花遊覽完。

JR廣島站是廣島的玄關 前往宮島的交通方式是？

新幹線或通往各地的高速巴士，起點和終點都在JR廣島站。從廣島機場搭乘利木津巴士要花45分，因此如果要從東京或大阪前往，也很推薦搭乘新幹線。前往宮島的玄關—宮島口，有JR和廣島電鐵兩條路線。雖然JR比較快速而方便，但廣島電鐵有划算的套票（☞P137），可以依照自己的計劃選擇。

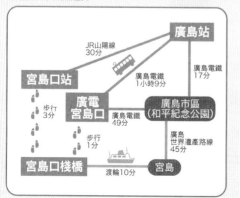

廣島站

JR山陽線 30分

廣島電鐵 1小時9分

廣島電鐵 17分

宮島口站

步行 3分

廣電 宮島口

廣島電鐵 49分

廣島市區 (和平紀念公園)

廣島 世界遺產路線 45分

步行 1分

宮島口棧橋

渡輪10分

宮島

▲世界上絕無僅有、浮在海□ 的嚴島神社大鳥居和神社建□

みやじま
宮島 ①
・・・P18

宮島是日本三景之一的島嶼，島上風光明媚。有登錄為世界文化遺產的嚴島神社和彌山，吸引了很多日本國內外的觀光客。美食則有星鰻飯和牡蠣料理，最常見的景點伴手禮則是發源於宮島的紅葉饅頭。

▲星鰻飯是必吃的宮島□

▲弘法大師所開闢的彌山，健行可以眺望到瀨戶內海絕景

▲只有在宮島才能品嘗到剛出爐的紅葉饅頭

也想去這裡

いわくに
岩國・・・P118

岩國以日本三名橋之一的錦帶橋而聞名。參觀完錦帶橋後，散步遊覽岩國城與和藩主吉川氏有關的景點，也可以享用鄉土料理岩國壽司。

くれ
吳・・・P122

吳是因軍港而繁榮一時的城鎮，「大和博物館」和「鐵鯨館」都是很受歡迎的博物館。還可以吃到依照舊海軍食譜製作的海軍美食。

◀廣島市區其實是甜點一級戰區，推薦想在散步中稍作休息時，可以順道前往

ひろしまたうん
廣島市區 ❷
・・・P49・63

廣島作為世界第一個原爆災區，是傳達希望世界永遠和平的城市，觀光的中心為平和記念公園，內有世界文化遺產的原爆圓頂館等景點，在廣島享受美食和購物樂趣吧！

◀說到廣島美食，絕對不能錯過廣島燒

▼平和記念公園被河川和綠意所包圍，也是市民的休閒場所

ぐんどのせと
音戶瀨戶・・・P15

從吳搭乘音巴士約20分可抵達音戶瀨戶，為平清盛開鑿的海峽，寬度為90m。是與曾經盛極一時的平清盛相關的景點，很受囑目。

あきなだとびしまかいどう・みたらい
安藝灘飛島海道、御手洗・・・P128

安藝灘飛島海道是由七座橋連接五座島的海路。御手洗位於海道途中，在江戶時代作為等待潮汐的港口，曾繁榮一時，是很有情調的港都。

さいじょう
西條・・・P130

和西條伏見、灘齊名的知名酒都。在「酒藏通」可以參觀酒廠和試喝各種酒。也有附設咖啡廳的釀酒廠，以及和酒相關的美食&伴手禮。

たけはら
竹原・・・P132

竹原是富有情調的「安藝小京都」。在江戶時代開始發展製鹽業和造酒業。在「町並保存地區」中，可以參觀具有歷史文化的房屋建築。

第1天

10:15 廣島站 出發！

從新幹線和各地發車的高速巴士終點站JR廣島站開始旅行，前往JR宮島口站。

11:05 宮島

在離JR宮島口站步行3分的宮島口棧橋，搭乘渡輪10分抵達宮島棧橋。

要温柔的守護鹿群喔！

宮島到處都可以看到鹿。在宮島，鹿被視為神的使者並受到重視。

11:20 嚴島神社

滿潮時，浮在海上的嚴島神社大鳥居，退潮時可以走到鳥居的柱子底下（☞P26）。

保留著平安時代的模樣

平清盛建造的嚴島神社。境內有許多國寶和國家重要文化財等級的建築（☞P24）。

位於嚴島神社中心的御本社，是日本最大的本殿。（☞P25）

12:10 星鰻飯

午餐享用宮島名產──星鰻飯，烤得香味四溢的鰻魚和鹹甜的醬汁是絕妙的美味組合（☞P34）。

13:30 彌山

彌山健行可以觀賞到絕景。彌山也分布著與弘法大師有關的歷史遺跡，和不可思議的景點（☞P32）。

希望願望實現

彌山也是很受歡迎的戀愛開運景點。將願望寫在心型的繪馬上（☞P33）。

豐國神社
15:30 （千疊閣）

豐臣秀吉所設計，面積857張榻榻米的大經堂，因秀吉在建造工程去世，因此現在仍處於未完工的狀態（☞P22）。

16:00 表參道商店街

宮島的主要街道，有很多餐廳和伴手禮商店。要買宮島名產到這裡就對了（☞P42）。

在「民芸藤井屋」裡（☞P43）發現了最適合當作伴手禮的傳統工藝品──宮島玩偶！

2天1夜的極上廣島·宮島之旅

介紹遊覽廣島市區與宮島主要觀光景點的行程。
以嚴島神社·平和記念公園2大景點的觀光為主，
品嘗當地美食、選購伴手禮，盡情享受觀光樂趣。

7:00 旅館

入住「宿いろは」，保證能度過優質放鬆的住宿時光（☞P44）

20:00 宮島夜間散步

吃過旅館的晚餐後，在夜晚的宮島散步。也請務必搭乘可以從海上參拜神社的遊覽船（☞P28）。

10:30 平和記念公園

國際和平都市·廣島的象徵性公園，內有原爆圓頂館，保留了原爆當時建築模樣（☞P68）。

在「廣島平和記念資料館」（☞P70），感受原爆的恐怖與和平的可貴。

13:40 廣島城

在位於平和記念公園對岸的「Caffe Ponte」（☞P72），享用清爽的義式午餐。

毛利輝元所築。目前天守閣（修復）的內部是歷史博物館（☞P78）。

14:30 縮景園

廣島藩主淺野長晃建造的別邸。旅客可在放鬆的空間稍作休息（☞P79）。

15:30 本通商店街

廣島的主要街道。也有熱門商店「CRESSON」（☞P80）。

17:00 廣島燒

附近也有很多受當地人歡迎的特色人氣咖啡廳。要不要在這些咖啡廳稍作休息呢？（☞P90）

到廣島一定要吃過廣島燒才能回家。晚餐前，先在熱門的「八昌」（☞P50），享用廣島燒墊墊肚子。

18:00 廣島站

抵達廣島站後，在「新幹線名店街」等地，卯足全力選購伴手禮（☞P99·102）。

> 時尚女性必備物品

廣島車站大樓 ASSE的「熊野筆 SELECT SHOP」（☞P85），買到一直很想要的熊野筆！

> 專程來到這麼遠的地方

第3天要不要稍微走遠一些？

以錦帶橋為象徵的城下町岩國

知名的錦帶橋為日本三名橋之一。除了橋梁的建築之美，高度的組木建築工法值得一看。遊覽岩國城等地，享受城下町的散步時光（☞P118·121）。

海軍城市吳 有2個很受歡迎的博物館

吳曾經是繁榮一時的軍港，「大和博物館」和「鐵鯨館」很受歡迎。也可以享受到以舊海軍食譜製作的海軍美食（☞P122·126）。

和平清盛有淵源的
景點&史跡

平安時代末期，平清盛結束了貴族社會，開啟了武家社會。
平清盛和廣島有很深的淵源，各地都有相關的景點。
遙想平安時代的情景，悠閒地享受散步的樂趣吧！

將平家一族的奢華
保留至今的嚴島神社

宮島 …P18
みやじま

廣島站搭電車
＋渡輪約50分

嚴島神社是宮島的代表性建築，仁安3年（1168）由
平清盛建造了現在立於海上的樣式。美麗的神社建築
和大鳥居，採用了平安時代貴族宅邸所使用的寢殿造
樣式，連海水的漲退潮位置都經過精密計算，現在的
嚴島神社也保留著平清盛當時建造的模樣。此外，還
有「清盛塚」和「二位殿燈籠」等景點。

日本的教父
加深了平家一族的羈絆

平清盛是怎麼樣的人？
たいらのきよもり

平清盛是活躍於貴族政治混亂的平
安後期武將，也是平氏的嫡長
子，征服了瀨戶內海的海賊，達
到了武士的顛峰。後來，他獲得
最高官位的太政大臣之位，成為日
本的霸者。他致力於與中國展開貿易、
建造宮島的嚴島神社，創造了平家一族
的盛世，但是在源氏之爭時，因熱病
病逝，享年64歲。

嚴島神社的建築和大鳥居，散發著莊嚴的氛圍（☞P24）
平清盛曾在清盛塚祈求平家一族的繁榮塚（☞P31）
二位殿燈籠是紀念平清盛之妻二位之尼的石燈籠（☞P31）

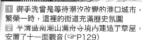

御手洗會是等待潮汐改變的港口城市，
繁榮一時，這裡的街道充滿歷史氛圍
平清盛南潮山滿舟寺境內建造丁草屋，
安置了十一面觀音（☞P129）

只花一天就竣工的傳說景點

廣島站搭電車＋巴士約1小時

おんどのせと
音戶瀬戶

音戶瀬戶雖然是絕佳的航路，但是由於寬度只有90m，潮流快速且有岩礁，在瀬戶內海內也算是不易航行的航路。據說平清盛為了順利得與宋朝貿易，而開鑿了音戶瀬戶海峽。傳說在盛大的開鑿工程中，平清盛曾用金扇把慢慢西沉的太陽煽回空中，讓工程順利在一天之類完成。

交通資訊

🚃 **電車・巴士**：從廣島站搭乘JR吳線快速約30分，抵達吳站搭乘廣電巴士阿賀音戶的瀬戶線，或是吳倉橋島線，前往音戶渡船口約20分，阿賀音戶的瀬戶線(往見晴町)到音戶大橋約21分，吳倉橋島線(經波多見)到清盛塚約25分

🚗 **開車**：從廣島吳道路吳IC經國道185號、487號到音戶瀬戶口約10km

洽詢 ☎0823-23-7845(吳觀光情報廣場)

廣域圖 附錄背面E5

雖然自行開車很方便，但這裡巴士班次也很多，因此推薦搭乘大眾交通工具。

おんどのわたしぶね
音戶的渡船

日本最短的定期航路

寬90m的音戶瀬戶航路，單程只要3分。只要有1人乘船就會出航，就算人在對岸也會前來迎接。

☎0823-23-7845(吳觀光情報廣場) ¥100日圓 ⏰5時30分～21時 ☁天候條件劣時 🚌從巴士音戶渡船口步行1分即可抵達本州側的乘船處 🅿無 **MAP** P15

在平清盛功績之一的音戶瀬戶海峽上，架著鮮紅色的音戶大橋。前方圍欄內有清盛塚，中央立著供養塔。

きよもりづか
清盛塚

稱頌平清盛功德的供養塔

據說平清盛在開鑿音戶瀬戶航路時，用一字一石的經石取代人柱沉入海底，完成灘工程。元曆元年(1184)為了稱頌此功績，而建造了供養塔。

☎0823-52-1111(吳市市民中心) 住吳市音戶町鰯浜 ¥休自由散步 🚌從清盛塚巴士站步行即到 🅿可使用音戶大橋下停車場，容量50輛(收費) **MAP** P15

おんどのせとこうえん
音戶瀬戶公園

平清盛招日的傳說之地

公園內最高的「高烏台」，可以眺望到絕景，也是平清盛將太陽招回來的傳說之地。這裡也立有清盛的「日招像」。

☎0823-23-7845(吳觀光情報廣場) 住吳市警固屋8 ¥休自由散步 🚌從巴士停音戶大橋步行即到 🅿約190輛 **MAP** P15

平清盛漂流到此
等待潮汐和風向改變的港口

廣島站搭巴士約2小時8分

みたらい
御手洗 …P128

平清盛在前往京都途中，於御手洗海域遭遇到暴風雨。洗過手向觀音誠心祈求後，風雨馬上就停止了。九死一生的平清盛在現在的南潮山 滿舟寺建造了小草屋，安置了十一面觀音像。這個傳說也是「御手洗」的地名由來。

音戶瀬戶 (地圖)

15

叩叩日本
cocomiru

廣島 宮島

Contents

立於海上的嚴島神社大鳥居

連結神社建築，長達約270m的朱漆迴廊

豐臣秀吉所設計，未完成的千疊閣

宮島的主要街道表參道商店街

綠葉和紅葉都非常漂亮的紅葉谷公園

發源於宮島，全國知名的紅葉饅頭

也有很多充滿宮島特色的伴手禮！

講到宮島美食，就會想到星鰻飯

世界遺產還有知名美食… 在充滿魅力的宮島觀光

宮島有世界文化遺產嚴島神社和彌山，
參道前還有商店街。
名產有知名的星鰻飯和牡蠣等美食，
選購伴手禮也是令人愉快的旅行樂趣所在。

將絕景盡收眼底的靈峰─彌山

發現了感情很好的鹿！

重點看過來！
午餐吃名產星鰻飯
星鰻飯是絕對要吃的宮島名產美食。非常適合當作午餐。(☞P34)

重點看過來！
去開運景點
彌山健行
感受神祕的力量，並享受遊覽絕景&史跡的樂趣。(☞P32)

重點看過來！
鳥居令人感動！
參拜嚴島神社
就像漂浮在海上的神祕建築。也可以搭船從海上參拜。(☞P24〜31)

被尊崇為「神之島」的神祕之島

宮島
みやじま

必買的宮島伴手禮
紅葉饅頭(☞P40)

宮島
就在這裡！

access

是這樣的地方

宮島被列為日本三景之一。最大的看頭為立於海上的朱紅色大鳥居，和以神社建築聞名的嚴島神社。嚴島神社和背後的彌山，皆為世界文化遺產。嚴島神社周邊有很多具有歷史的神社寺廟、能品嘗到宮島名產的餐廳及伴手禮商店等等，可以充分享受散步的樂趣。

●從廣島站前往
搭乘JR山陽本線26分，於宮島口站下車。步行3分至宮島口棧橋，搭乘JR西日本渡輪或宮島松大汽船約10分
●從和平紀念公園前往
從步行即到的元安棧橋搭乘廣島世界遺產航路約45分

洽詢
☎0829-44-2011
宮島觀光協會
廣域圖P48

20

～宮島 快速導覽MAP～

觀光的提要

直通平和記念公園的「廣島世界遺產航路」

連結平和記念公園和宮島，約45分的航路。不只不需轉乘，還可以享受水上彌光。
DATA 參閱P74

夜晚的宮島非常夢幻

石燈籠會點燈，大鳥居等建築會打上燈光。(☞P46)

宮島参拜遊覽乘船處
往宮島口
往宮島（元安橋）
廣島世界遺産航路乘船處
往廣島（宇品）、廣島
往杉之浦
長浜
宮島学園宮島小中
長浜神社

宮島桟橋

宮島的玄關 渡輪搭乘處

這裡有觀光服務處和伴手禮店，也是旅行的起點。(☞P46)

宮島渡輪碼頭

ホテル
宮島別荘
廿日市市
宮島支所

ホテル
宮島別荘

存光寺
真光寺
嚴妹屋

ホテル
みや離宮

宮島ホテルまこと

表参道商店街 6
(☞P42)

錦水館

豐國神社（千疊閣）・五重塔 4
(☞P22)

大鳥居

御笠浜
荒胡子神社
以八寺
光明院

北之神社

旅荘
かわぐち
幸神社

在表参道商店街選購伴手禮

宮島的主要街道上，有齊全的宮島伴手禮。(☞P23・42)

町家通 5
(☞P23)

嚴島神社 1
(☞P24～31)

清盛神社 (☞P24～31)

紅葉谷川

三翁神社

宮島グランドホテル有もと

嚴島神社社務所

岩惣

宮島水族館・みやじマリン

宮島歴史・民俗資料館

大元神社

国民宿舍
みやじま杜の宿

聚景荘

白糸川

嚴島神社寶物館
多寶塔

金刀比羅神社

四宮神社

紅葉谷公園

紅葉谷駅
宮島空中纜車

大願寺 2
(☞P22)

粟島神社

ふじたや 3
(☞P34)

西方院

0 ── 200m
N

大本山 大聖院
往白糸瀑布

往彌山

想要稍微近一下時

4小時

半天行程，以嚴島神社為中心，遊覽附近的寺廟神社，並品嘗星鰻飯和選購伴手禮等。如果想要爬彌山，則再加1～2小時，規劃比較寬鬆的行程！(☞P22)

起點	1	2	3	4	5	6	終點
宮島桟橋	嚴島神社 景點	大願寺 景點	ふじたや 美食	豐國神社（千疊閣）・五重塔 景點	町家通 景點	表参道商店街 咖啡廳 美食 購物	宮島桟橋
	▶ 步行12分	▶ 步行即到	▶ 步行3分	▶ 步行6分	▶ 步行2分	▶ 步行即到 步行10分	

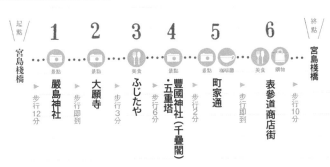

花上一整天，把宮島有名景點全部玩一遍

需要
6～7小時

宮島有很多景點，悠閒散步也很愉快。
只要待一天，就可以盡情享受觀光、美食、購物樂趣。

掛著很多祈求學業
順利等幸運的繪馬

境內的天神社，
祭祀的是菅原道真

START!

1

いつくしまじんじゃ
嚴島神社 世界遺產　詳情請看 P24～31

最想要去的人氣No.1景點

位於離宮島棧橋步行12分的地方，宮島具有代表性的神社。平清盛所建造的海上優雅神社建築，吸引了很多日本國內外旅客來參拜。

建在海上的莊嚴神社建築

大鳥居是宮島的象徵

2

步行即到

だいがんじ
大願寺

和嚴島神社有深厚淵源的古剎

大願寺在明治維新以前，都負責修理和建造嚴島神社，是很有歷史的高野山真言宗古剎。密佛嚴島弁財天(非公開)，據說是弘法大師所作。護摩堂安置著全白檀製的不動明王像。

☎0829-44-0179 ⊞廿日市市宮島町3 ⊻⊕休境內自由參觀(本堂不可進入) ⊠宮島棧橋步行15分 ℗無
MAP P48B4

2006年開眼的不動明王像

3

ほうこくじんじゃ（せんじょうかく）・ごじゅうのとう
豐國神社（千疊閣）・五重塔

豐臣秀吉設計的未完工建築

千疊閣是天正15年（1587），由豐臣秀吉所建立的大經堂。因為面積有857張榻榻米大，因此被稱為大經堂，裡面掛著大型書籍和繪馬。隔壁豎立著應永14年（1407）建造的五重塔。

☎0829-44-2020（嚴島神社） ⊞廿日市市宮島町1-1 ⊻拜觀100日圓（千疊閣） ⊕8時30分～16時30分（五重塔只能觀賞外觀，內部不開放參觀） 休無休 ⊠宮島棧橋步行10分 ℗無 MAP P48B3

秀吉死後，天花板依然
維持在未完工的狀態

午餐就在
這裡吃

ふじたや
在堅持使用天然穴子
鰻的店家吃午餐。穴
子星鰻飯2300日圓。
詳情請看P34

本堂與書院是幕末時，
勝海舟和長州使者進行
會談的場所

步行
6分

五重塔融合了和、唐建
築樣式，十分優美

＼絶景景點／

試試看坐人力車遊宮島吧！

坐人力車觀光可以留下深刻的回憶。繞行宮島棧橋~表參道商店街~嚴島神社的費用為3000日圓。詳情請洽詢。

☎090-3457-6533(夢俥詬一代)
MAP P48B2

從觀景台可以欣賞瀬戶內海列島的美景

5

みせん
彌山

| 世界遺產 | 詳情請看 P32 |

在神祕的山健行

弘法大師（空海）所開闢的靈山。從獅子岩站到山頂的健行路程，單程約30分，可以觀賞到瀬戶內海的絕景和史蹟。

從獅子岩站搭宮島空中纜車+步行約40分

富有情趣的街道

不經意抬頭看到的招牌也很復古

搭乘宮島空中纜車到獅子岩站20分

4

もみじだにこうえん
紅葉谷公園

顧名思義是紅葉知名景點

位於彌山山腳下的公園。雖然是知名的紅葉景點，不過春夏的綠意也很美。園內也有茶屋等休息處。

☎0829-44-2011(宮島觀光協會) 住廿日市市宮島町紅葉谷 ⏰休自由散步 交宮島棧橋步行20分 P無
MAP P48C4

在這裡休息一下

ぎゃらりぃみやざと
ぎゃらりぃ宮郷

由有250年歷史的杓子批發商店改建的咖啡廳。雜貨區有販售宮島玩偶等民藝品。

詳情請看P38

GOAL!

7

詳情請看 P42

步行1分

おもてさんどうしょうてんがい
表参道商店街

選購伴手禮就到這裡

宮島的主要街道，350m的街道上，有許多供應烤牡蠣、星鰻飯等料理的餐廳，也有販售紅葉饅頭、民藝品伴手禮的商店。

▲有齊全的宮島伴手禮，非常熱鬧。

6

在ぎゃらりぃ宮郷前休息一下

まちやどおり
町家通

充滿情調的街道

傳統町家建築林立的安靜街道，分布著改建自町家建築的藝廊、咖啡廳及餐飲店，最適合在散步途中休息一下。**MAP** P48B3

看！巨大的杓子

世界最大，長度7.7m的大杓子

在這裡買伴手禮

しゃくしのいえ みやざと
杓子の家 宮郷

販售宮島傳統工藝品杓子的店，可以請店家在購入的杓子加上自己的名字。

詳情請看☞P43

秋天可以觀賞到火紅的紅葉
攝影：新谷孝一

步行10分

宮島有很多鹿的原因是，鹿被當成住在神之島的動物而保護。擅自餵食是違反當地禮儀的行為，請務必注意。

平清盛也是虔誠的信徒
參拜世界文化遺產・嚴島神社

見学所要
30分

嚴島神社曾是眾多武將的信仰中心，現在則是登錄於世界文化遺產的神社，有很多來自全球的訪客。境內有多數的國寶和國家重要文化財等等，一一檢視必看的重點！

滿潮時就像走在海上。

いつくしまじんじゃ
嚴島神社
世界遺產

佇立海中
吸引很多人的神社

推古天皇元年（593）佐伯鞍所創建，仁安3年（1168）由平清盛建造為現在的樣子，現在神社各處也保留著平安時代當時的樣子。在現代訴說著平家的榮華盛景的美麗建築，受到全世界矚目，也登錄為世界文化遺產。

☎0829-44-2020 🅟廿日市市宮島町1-1 ⏰6時30分～18時（有季節性變動）休無休 🚶宮島棧橋步行12分 🅿無 MAP P48B3

詳情請看
P30

✦cocomiru①
華麗的神社建築

平清盛在建造時，使用了平安時代貴族的宅邸所用的寢殿造樣式，華麗而優美的神社建築，顯示了平家一門的榮華富貴。

詳情請看
P26

✦cocomiru②
海上的建築

宮島自創建以來都被尊崇為「神之島」，因為將神社建築在陸地上會冒犯神明，所以改建在海上。建築時，潮汐的位置都經過計算。

✦cocomiru③
世界遺產

海上的建築物、周圍的海、背後廣闊的彌山原始林融為一體，被評為獨創的神社建築，而在1996年登錄為世界文化遺產。

❷ 客神社 まろうどじんじゃ 國寶

從入口往前走，最先抵達的是客神社。這裡祭祀著五男神。客神社是攝社中最大的，和本社一樣由4個神社建築構成。

❸ 東廻廊 ひがしかいろう 國寶

連接客神社和御本社的鮮艷朱漆迴廊。入口側的屋頂為切妻造樣式，出口側西迴廊的屋頂為唐破風造樣式，因此也有人推測在當時西側才是入口。

❹ 御本社 ごほんしゃ 國寶

面積約83坪，是日本數一數二大的本殿。祭祀著市杵島姬命等三女神，人們相信他們分別是掌管海上交通之神、財福之神及技藝之神。

❻ 天神社 てんじんしゃ 國重文

因毛利元就長男隆元的捐獻，在弘治2年(1556)建造完成，祭祀學問之神菅原道真。因為是室町時代的建築物，所以沒有塗上朱漆，圍牆不使用木板而是使用石灰泥砌成。

❽ 反橋 そりばし 國寶

位於御本社內側的圓弧狀橋，也稱為敕使橋。過去只有天皇派來的敕使才能通過。現在也不開放隨意進入。

這樣遊嚴島神社！

大國神社
不明門
幣殿　本殿
朝座屋
長橋
❻天神社
❽反橋
❸東廻廊
拜殿
御本社
西側廻廊
出口
五重塔 P.22
❷客神社
本殿
祓殿
祓殿
御手洗川
能舞台❼
能樂屋
豐國神社《千疊閣》P.22
拜殿
❺高舞台
樂房
樂房
西松原
門客神社
入口
❺平舞台
門客神社
火燒前
御笠濱
往宮島棧橋
❶大鳥居

❼ 能舞台 のうぶたい 國重文

最初是戰國時代毛利氏在海中建設了表演能劇的舞台，現在的建築是江戶時代廣島藩主淺野家改建的，訴說著為政者信仰的神社歷史。

❶ 大鳥居 おおとりい 國重文

大鳥居是嚴島神社的象徵。其實鳥居的柱子底部並沒有埋在海底，而是靠鳥居本身的重量立在海上。現在的鳥居是第8代，重建於明治8年(1875)。

❺ 高舞台・平舞台 たかぶたい・ひらぶたい 國寶

位於御本社拜殿正面的舞台。現在的嚴島神社也承繼了陵王、振鉾、太平樂等約20曲的舞樂。高舞台、平舞台和大阪的四天王寺、住吉大社的石舞台，也並稱為日本三舞台。

嚴島神社境內是單向道，不可以往回走，所以參拜時要沿著行進路線慢慢地仔細參拜。

事先了解就能更添樂趣
嚴島神社小知識

嚴島神社彷彿浮在海上的神祕模樣，很吸引人。
了解建築物和境內相關的小知識，參觀時就能擁有更多樂趣。

高度和奈良的大佛幾乎相同。近看更是魄力滿點！

小知識 1
大鳥居是靠本身的重量立在海上

大鳥居高16m、重約60噸。其實這個大鳥居的6根柱子並沒有埋在海底，而是靠其本身的重量立在海上。為了保持鳥居平衡，鳥居屋頂下的箱型笠木條和島木條內也填塞了石頭，花了不少心思。順帶一提，大鳥居的主要柱子使用的是樹齡500~600年的樟樹。花了約20年才找尋到這些巨木。

～ 補充小知識 ～
鳥居的笠木條和匾額所隱含的意思是!?

鳥居的笠木條兩端，分別有太陽和新月的符號，據說這代表著陰陽。此外，鳥居靠陸地側和靠海洋側的匾額字樣也不相同，可以稍微留意。

笠木條的東側有太陽的符號，西側則是新月的符號。

面神社的匾額寫著「伊都岐島神社」，面海的匾額寫著「嚴嶋神社」

1 地板的空隙也是有意義的！ 2 迴廊有些地方也設有牆壁

小知識 2
到處都有防雨和防波浪的設計！

建於海上的神社各處都有防止水患的設計。例如：白色牆壁乍看之下像是裝飾，但是其實有防止海水打入的功能。還有，迴廊和平舞台的地板，木板和木板有空隙，這不只是為了在潮水較高時或是颱風時，能減低從地板下湧上的海水壓力，也有將迴廊上的海水排出的功能。

在這裡拍攝大鳥居的照片！

想拍最棒的照片，推薦到嚴島神社入口前的御笠濱（**MAP** P25）、神社內則以平舞台後的火燒前（**右圖 MAP** P25）拍照的人很多，拍照時請遵守禮儀。

小知識3
漲潮和退潮時的景色完全不一樣！

景色會因為潮水漲退變得截然不同，這也是嚴島神社的一大特徵。漲潮時，可以看到浮在藍色海面上的大鳥居和優美的神社建築，退潮時則可以走到鳥居底下，仔細觀察建築的構造。只要停留一天，就可以看到兩種景色。宮島觀光協會的網站上有潮汐表，旅行前記得先確認。

宮島觀光協會年間潮汐表網站
http://www.miyajima.or.jp/sio/sio01.html

漲潮時

漲潮時可以看到神社像是浮在海上的神祕模樣

退潮時

退潮時神社和大鳥居的底部都可以清楚看見

～ 補充小知識 ～
只有退潮時才會出現的「鏡池」是什麼!?

退潮時會出現在沙灘上的圓形水池。境內有 3 個地方會出現「鏡池」。客神社旁鏡池所倒映的秋季滿月，被稱為「鏡池秋月」，是嚴島八景之一，以前的和歌和俳句也曾歌詠過這幅景象。

小知識4
隱藏的 "8" 之謎到底是!?

境內各處都隱藏著 "8" 這個數字。
● 據說大鳥居建造的年份是明治8年（1875）。
● 從平舞台前端到大鳥居的距離是88間（約210m），從拜殿到大鳥居的距離是108間（約260m）。
● 柱子和柱子間的距離為8尺（約2.4m），中間鋪設了8片地板。

像這樣講究 "8" 這個數字，也有人認為這是因為受到佛教的影響，而認為8是神聖的數字。

從平舞台前端到大鳥居的距離是88間

柱子和柱子間的距離為8尺，中間鋪設了8片地板

從御笠濱對岸的西松原（**MAP** P25），眺望大鳥居也很棒。日劇「坂上之雲」也曾在這裡拍攝外景。

和朋友炫耀！
嚴島神社&周邊的絕佳體驗

如果想要享受嚴島神社的魄力，要不要試試看坐遊覽船或是獨木舟呢？
此外，優雅的古典藝能活動，更能感受到嚴島神社的魅力。

穿過夜間點燈的大鳥居

在夜晚的夢幻氛圍中，享受海上參拜的樂趣

要不要試試
從海上參拜？

嚴島神社原本的參拜路線，是從海上穿過大鳥居前往神殿參拜。要不要試試看坐遊覽船或是獨木舟參拜呢？

みやじまさんぱいゆうらん
宮島參拜遊覽

需時約30分

傍晚時乘坐遊覽船，盡情享受夜晚的嚴島神社之美。潮位太低時無法穿越大鳥居，搭乘前要先確認。

☎0829-44-0888(AQUA NET 廣島宮島事務所) 🏠廿日市市宮島3号棧橋 💴乘船1600日圓 🕐17時55分～21時15分，每40分1班，共6班(需預約) 🈚無休(休7月7日、管弦祭、宮島水中花火大會舉辦日) 💴乘船處位於宮島棧橋東側 🅿無 MAP P48B2

 來搭船！

搭上屋形船型的遊覽船
從傍晚開始行駛。就算天氣很好海上還是會有點涼，最好準備外套。

接近大鳥居！
船慢慢駛近嚴島神社本殿的正面，馬上就要穿過大鳥居了！

穿過鳥居！
迅速接近鳥居，終於來到鳥居正下方。抬頭就可以看到魄力滿點的鳥居。

夜晚的嚴島神社也非常美麗！
和白天有不同的感覺，邊眺望嚴島神社邊坐船返回港口。

✩·這裡也很推薦·✩

ろかいぶね
櫓槳船
需時約20分

充滿復古氣氛的遊船旅行

只用櫓和槳慢慢前進的傳統手划遊船，可以享受到沒有引擎聲的寧靜遊船旅行。

☎0829-78-1419(宮島遊覽觀光) 🏠廿日市市宮島町御笠浜 💴800日圓(六日假日、黃金週、盂蘭盆節期為1000日圓) 🕐請上官網確認 🈚請上官確認，下雨和強風時停駛 💴宮島棧橋步行12分即到乘船處 🅿無 MAP P48B3

はーとあどべんちゃーせんたー
HART ADVENTURE CENTER

所需時間依方案而異

划獨木舟接近大鳥居！

划著可乘坐2人的獨木舟，享受海上的散步。需預約。

☎090-4149-3541 🏠廿日市市宮島町南大西町58 宮島町家すみれぐさ 💴4000日圓～(因方案而異) 🕐預約時間9～19時(用電子郵件則其他時間也可洽詢&預約)，觀光行程期依潮位而異 🈚不定休 💴宮島棧橋步行20分即到乘船處 🅿無 MAP P48A4

在古典藝能 & 活動
時光旅行回到平安時代！

有古典藝能和出現在平安繪卷的遊行隊伍等等，據說是平清盛開始舉辦的。在此介紹可以盡情享受優雅時光的神祭和活動。

為夏天增色的「宮島水中花火大會」

綻放在海上的鮮豔煙火，讓浮在海上大鳥居看起來更夢幻。每年8月（詳情需洽詢）19時40分~20時40分舉辦。☎0829-44-2011（宮島觀光協會）**MAP** P48A3

鑑賞傳統形式的傳統藝能奉奏

攝影：新谷孝一

かんげんさい
管絃祭

嚴島神社最盛大的祭典。起源為平清盛將朝臣在京都的池塘或河川划船遊樂的「管弦之遊」，當作祭神儀式在嚴島神社舉行。海上的優雅儀式，就像是展開的平安繪卷。

平清盛開始的優雅貴族祭典

❖舉辦日期：農曆6月17日（詳情請看官方網站）
❖會場：嚴島神社周邊
❖費用：免費（昇殿費用300日圓另計，若要在船上觀賞則要收費，採預約制）

☎0829-44-2020（嚴島神社，船上預約觀賞）
☎0829-44-2011（宮島觀光協會）
MAP P48B3

ぶがく
舞樂

配合雅樂的舞蹈，據說在平安時代，由平清盛從大阪四天王寺傳至嚴島神社。現在仍保留著「陵王」、「納曾利」等20幾首舞蹈，在一年11個祭典中奉奏。以海上大鳥居為背景的舞蹈表演，很值得一看。

❖舉辦日期：詳情請看宮島觀光協會網站
http://www.miyajima.or.jp/
❖會場：嚴島神社等地
❖費用：免費（昇殿費用300日圓另計）
☎0829-44-2020（嚴島神社）
MAP P48B3

❖舉辦日期：4月16~18日（桃花祭御神能）
❖會場：嚴島神社能舞台
❖費用：免費（昇殿費用300日圓另計）
☎0829-44-2020（嚴島神社）
MAP P48B3

しんのう
神能

由弘治元年(1555)，在嚴島之戰中打敗陶軍的毛利元就，於永祿6年(1563)開始，常常表演能樂獻神。現在則以「桃花祭御神能」的形式，在每年4月16日~18日的3日間，在能舞台舉行現在非常少見的「五番立」能劇。

以毛利元就能樂獻神

懷念促進宮島發展的平清盛

みやじままきよもりまつり
宮島清盛祭

懷念平清盛的祭典。平清盛建造了嚴島神社，奠定了宮島的發展基礎。以平家一門參拜嚴島神社的隊伍為主題，穿著平安時代衣裝的幼兒、白拍子、武將、琵琶法師等人物，排成隊伍朝嚴島神社前進。

❖舉辦日期：每年3月20日前後
❖會場：宮島棧橋前廣場、嚴島神社、清盛神社等地
❖費用：免費

☎0829-44-2011（宮島清盛祭實行委員會/宮島觀光協會）
MAP P48A3

建議在參拜者較少的早晨來嚴島神社。被凜冽的空氣包圍，在早晨陽光照射下而發光的朱色神社，散發著莊嚴的氛圍。

嚴島神社是平清盛創造的現世極樂淨土

世界文化遺產・嚴島神社，以立在海上的鳥居和壯麗的神社建築為人所知。
雖然是約1400年前建造的，不過是由平清盛將神社建築建造成現在的獨特樣式。

平清盛和嚴島神社的深刻淵源

平清盛接受神諭而信仰嚴島神社三女神，因此大幅改建嚴島神社。
將三女神作為平家的守護神，加深和神社的連結，進而發展了輝煌的文化。

平清盛的成功是託嚴島神社的福!?

根據平家物語所記載，原本是安藝守的平清盛，花了數年重建因雷擊而消失的高野山金剛峰寺的「根本大塔」，重建結束時，不知從何而來的老僧傳來神諭說：「只要修建嚴島神社，你一定能得到最高的官位。」老僧離去後留下一股芳香，平清盛忍不住想：「難道那個老僧是弘法大師？」而開始信仰嚴島神社。之後，平清盛出人頭地成為第一個當上太政大臣的武士，他著手大幅改建嚴島神社和鳥居。並建造了寢殿造樣式的優美神社建築和迴廊等等。

將平家的榮華盛景保留至今的壯麗神社建築
和海中的大鳥居一樣，是精準計算過潮水位置的建築

平清盛推廣的京都雅文化，也保留至今

平清盛順利改建嚴島神社後，人們為了像平家一族一樣繁盛，開始流行參拜嚴島神社，就連皇族和貴族也會造訪。平清盛將雅樂從大阪的四天土寺傳至嚴島神社，也將貴族遊樂的「管弦之遊」當作祭神儀式舉行，帶來了京都的文化。這些活動仍以神社的儀式形式保留至今。此外，以平家納經（國寶）為首，嚴島神社也收藏甲冑等貴重的美術工藝品。

從海上參拜神祕的神社
因為宮島全體被尊崇為神聖之島，在陸地上建築神社建築會冒犯神明，而將神社建在潮間帶，神社採用平安時代貴族宅邸所使用的寢殿造樣式。為了讓人能從海上參拜，而將大鳥居建築在海上。

攝影：新谷孝一

將京都文化傳至嚴島神社
舞樂原本是朝廷舉辦儀式時使用的樂曲和舞蹈，平清盛將其從大阪的四天王寺傳至嚴島神社。現在舉行儀式的時候，也會奉奏「陵土」、「納曾利」等約20首樂曲。
DATA 舞樂（參閱P29）

以海洋為舞台的平安繪卷
平清盛將原本貴族在池塘或足河川划船遊樂的「管弦之遊」，當作祭神儀式搬到嚴島神社舉行。現在為日本三大船神事之一，在御座船上演奏的管弦樂和篝火十分夢幻。
DATA 管絃祭（參閱P29）

宮島 ●【加倍樂趣專欄】嚴島神社是平清盛創造的現世極樂淨土

{ 嚴島神社周邊與平清盛相關景點 }

參拜嚴島神社後，推薦遊覽周邊與平清盛有關的景點。
有可以觀賞到平家納經等多個景點，平家納經又被稱為國寶中的國寶。

いつくしまじんじゃほうもつかん
嚴島神社寶物館

有多數和平家相關的寶物！

以平家一族為首，收藏了信徒獻上的貴重美術工藝品，其中國寶、重要文化財有130件。被稱為國寶中的國寶、有著豪華裝飾的平家納經雖然是複製品，但是其部分展示還是不容錯過。

☎0829-44-2020（嚴島神社）住日市市宮島町1 ¥300日圓 ⏰8～17時 休無休 交宮島棧橋步行15分 P無 MAP P48B4

きよもりじんじゃ
清盛神社

讚頌平清盛豐功偉業的神社

為了紀念平清盛的770年忌日，於昭和29年(1954)建立，是祭祀平清盛的神社。在名為西松原的突堤上，建有朱色的鳥居和小巧的神社。每年在平清盛的忌日3月20日，會舉行追思平清盛遺德的「清盛神社祭」。

☎0829-44-2020（嚴島神社）住廿日市市宮島町西的松原 ¥⏰休境內自由參觀 交宮島棧橋步行20分 P無 MAP P48A3

攝影：新谷孝一

きよもりづか
清盛塚

平清盛在這裡祈求平家一族的繁榮

為了祈求平家一族的繁榮，平清盛曾經把經典一個字一個字寫在小石頭上，據說這裡就是埋藏一字一石經的地點。位於可以俯瞰大鳥居的丘陵上，旁邊立著燈籠。昭和19年(1944)部分文物出世時，發現了銅製的經筒和刀片等等。

☎0829-44-2011（宮島觀光協會）住廿日市市宮島町経ノ尾 ¥⏰休自由參觀 交宮島棧橋步行25分 P無 MAP P48A4

※請前往清盛塚的路程上有陡峭的階梯，請注意安全

にいどのとうろう
二位殿燈籠

懷念清盛之妻・二位之尼的石燈籠

在壇之浦之戰得知平家敗北後，二位之尼抱著幼小的安德天皇投水自殺。據說其遺體就是漂流到宮島的有之浦(宮島棧橋到嚴島神社的海邊)，因此海岸邊立著懷念二位之尼的石製大燈籠。

☎0829-44-2011（宮島觀光協會）住廿日市市宮島町有の浦 ¥⏰休自由參觀 交宮島棧橋步行10分 P無 MAP P48B3

在世界遺產・彌山健行
吸收神秘的力量

彌山和嚴島神社相同，自古以來就有很多虔誠的信徒。
邊感受大自然和神秘的力量，邊享受健行！

彌山是怎樣的地方？

原始林環繞的
超自然景點

從大同元年（806）弘法大師（空海）開山以來，就作為山岳信仰的靈峰一直受人尊崇。未開發的大自然中，有多處史蹟和奇石怪岩等等，也可以眺望到瀨戶內海非常美麗的多島嶼風景。1996年彌山的原始林和嚴島神社一起登錄為世界文化遺產，最近彌山也是很受矚目的戀愛開運景點。

交通資訊
從宮島棧橋步行25分到宮島空中纜車紅葉谷公園（紅葉谷公園入口有免費接駁巴士）

洽詢
宮島觀光協會☎0829-44-2011
MAP P48C1

cocomiru 彌山原始林
嚴島神社被認為是神域，因此保留了未開發的大自然。神社之美和彌山原始林的自然之美的融合，獲得很高的評價，被認定為世界文化遺產。

▲可以眺望瀨戶內海的美景，也是彌山登山健行吸引人之處

戀愛開運景點
誓言之火
一起點燃紀念碑的火，兩個人之間的關係就會加深。

彌山健行3路線

初級
宮島空中纜車→獅子岩站
需時 來回約1小時
搭乘宮島空中纜車到獅子岩站。附近就是獅子岩展望台，觀賞絕景後就回到獅子岩站，最輕鬆的路線。

中級
宮島空中纜車→彌山山頂
需時 來回約2小時
從獅子岩站往彌山山頂走，約30分的標準路線。路程中有很多景點，風景也很好，可以邊走邊欣賞。

上級
從山腳健行登山到山頂
需時 來回約5小時間
如果對自己的體力有自信，可以從彌山山腳開始往山頂走，彌山有完善的3個爬山健行路線，單程需要2小時左右。

宮島空中纜車 みやじまろーぷうえー
☎0829-44-0316（宮島空中纜車）**¥**廿日市市宮島町紅葉谷公園內 ¥來回1800日圓、單程1000日圓 **◎**9～17時（11月為9時～、12～2月則～16時30分）**休**無休（一年2次的定期檢查和天候不良時停駛）**◎**宮島棧橋步行25分到紅葉谷站（紅葉谷公園入口有免費接駁巴士）**P**無 **MAP** P48C4

① 獅子岩觀景台
しししいわてんぼうだい

眺望瀨戶內海
令人身心舒暢的開闊景觀
觀景台可以眺望瀨戶內海多島嶼之美。天氣好的日子，可以看到一覽廣島市、吳市及江田島地區。在獅子岩站可以體驗親手烘烤紅葉饅頭，也有受到情侶歡迎的「誓言之火」。

☎0829-44-0316
（宮島空中纜車）

▲拍攝紀念照的絕佳景點

親手烘烤紅葉饅頭體驗
可以製作心型餡的紅葉饅頭。

☎0829-44-0316（宮島空中纜車）**¥**1人300日圓（1組2～4人）、情侶1組500日圓 **◎**10～12時 13時30分～16時30分（每30分鐘接受一次現場報名，所需時間15～20分）**休**同宮島空中纜車

需時2小時

中級路線導覽

起點		①	②	③	④	⑤	終點
紅葉谷站		獅子岩觀景台	靈火堂	岩石隧道（くぐり岩）	彌山山頂	干滿岩	紅葉谷站
	宮島空中纜車站下車即到	宮島空中纜車14分	步行20分	步行5分	步行1分	步行5分	步行30分到獅子岩站搭乘宮島空中纜車14分

2 靈火堂 れいかどう

▲提供勺子和杯子，可以飲用大茶釜的靈水

▲靈火堂前有彌山本堂，本堂內祭祀著弘法大師（空海）進行求聞持修行時的本尊

像是永不熄滅的火焰 兩人的愛也會永不消失？

有弘法大師（空海）修行時傳承下來，經過1200年的漫長歲月仍不消失的「不滅之火」，也是平和記念公園的「和平之燈」原火之一。據說用「不滅之火」燒過的大茶釜靈水可以治百病。作為能加深人們感情的景點，也被認定是「戀人聖地」。

☎0829-44-0111（大本山大聖院）⏰8～17時 休無休

實現願望的心型繪馬

在情侶勝地靈火堂，可以供奉心型繪馬。傳說在這裡供奉繪馬3次以上，願望就會實現，因此這裡供奉著很多繪馬。

▶先觀察一下大自然創造出的美麗岩石
▼靠近岩石隧道的不動岩，安置了不動明王

步行5分

3 岩石隧道（くぐり岩）くぐりいわ

由大岩石構成的拱型隧道 讓人感受到大自然的力量

走在粗曠的岩石地上，經過不動岩之後，就會看到由巨大岩石堆疊成的天然隧道，散發出強烈的魄力，讓人感受到大自然的力量。穿過岩石隧道後，馬上就到山頂了。

步行1分

步行5分

4 彌山山頂 みせんさんちょう

步行20分

海洋和島嶼壯觀的風景讓人身心舒暢

在標高535m的山頂，有據說由神明鎮座的盤座岩。從三層樓的彌山展望台望出去，視野沒有任何遮蔽物，可以享受360的全景景觀，一覽分佈在瀨戶內海上的島嶼群，天氣好的時候還可以眺望到四國群山。

◀山頂可以觀賞到瀨戶內海多島嶼之美
▼充滿魄力的景色讓疲憊一掃而空

5 干滿岩 かんまんいわ

洞穴水量會變化的神秘奇岩

有積著鹽水圓洞的不可思議巨岩。儘管位於海拔500m以上的地方，但圓洞內的水會在海水滿潮時增加、乾潮時減少。現在的科學也無法解釋這現象，是彌山七大不可思議現象之一。

▲圓洞內的水位會隨著潮水的變化增減

▼岩石側面有積滿鹽水的孔洞

📖 雖然登山鋪設的很完善，不過越靠近山頂，岩石地會越來越多。建議穿著能穿著調節體溫的服裝和好走的鞋子。

吸引人的香甜氣味
享用名產・星鰻飯

說到宮島的名產就會想到星鰻飯，
在此介紹創業超過100年的老店等星鰻飯嚴選推薦店家。

星鰻飯 2000日圓
米飯也使用星鰻魚頭熬煮的
高湯煮。星鰻肉質柔軟
得入口即化。

あなごめし うえの
あなごめし うえの

在創始店享用宮島星鰻飯

星鰻飯的元祖老店，星鰻飯起源於前
代店主販賣的火車便當。星鰻直接烤
過後，再塗上秘傳的甜鹹醬汁繼續烤
至焦香，烤好的星鰻沒有多餘的油
脂，味道高雅。星鰻便當1944日圓，
就算冷了也很美味。

☎0829-56-0006 🏠廿日市市宮島口1-5-11
🕙10～18時（便當販售9時～）🈂週三（便當仍
照常販售）🚋JR宮島口站步行2分 🅿10輛
MAP P48A1

位於宮島玄關—宮島口的店。
2樓是可吃到懷石料理的姐妹店。

白燒星鰻
1296日圓
外皮酥脆、中心鬆軟的
口感是絕佳美味。建議
加芥末和岩鹽一起吃。

> 這個也
> 很推薦！

為何星鰻飯起源於宮島？
宮島從以前就因肥美的星鰻出名，星鰻飯
則起源於明治34年(1901)，當時「あなごめ
し うえの」這間店開始在舊宮嶋站（現在
的宮島口站）開始販售星鰻飯火車便當。

ふじたや
ふじたや

使用野生星鰻和傳統醬汁

堅持使用野生星鰻的名店，漁獲量太
少的時候甚至會臨時公休。刷上加量
沉釀3星期以上的秘傳醬汁，重複烤
2、3次。甜味恰好的醬汁和星鰻的鮮
味很平衡，吃起來味道高雅。

☎0829-44-0151 🏠廿日市市宮島町125-2
🕙11～17時 🈂不定期 🚋宮島棧橋步行15分
🅿2輛 **MAP** P48B4

位於嚴島神社寶物館的後方

> 這個也
> 很推薦

星鰻肝
700日圓
味道濃郁的星鰻肝，
很多人一吃就上癮！
請一定要吃過一次！

星鰻飯
2300日圓
從創業至今從未改變過
白飯的煮法，用蒸籠蒸煮
的白飯和星鰻很搭，評價很好。

推薦的伴手禮
星鰻竹輪

出野水產的星鰻竹輪4個入1250日圓，在星鰻系列的伴手禮中很受歡迎。在竹輪中加添加大量的星鰻，製作出美味的逸品。在JR宮島口站和廣島站的商店等處販售。
☎082-278-1614（出野水產）

あなごめし はなびし

あなごめし 花菱

使用野生星鰻的專賣店

米飯使用高湯蒸煮的星鰻飯專賣店，講究食材，米飯使用廣島縣產的米，加上秘傳醬汁烤成的星鰻，也堅持使用野生星鰻。最受歡迎的是奢侈使用大量星鰻的星鰻飯，外帶專用的便當為1750日元起，還有限定1日20份的鯛魚飯和牡蠣飯。

☎0829-44-2170 🏠廿日市市宮島町856
🕐11時30分～15時 🈺不定期 🚋宮島棧橋步行5分 🅿無 🗺️P48B3

星鰻飯（木盒便當）
2800日圓（附湯、醃漬小菜）
星鰻的甘甜和味道高雅的醬汁搭配得完美協調。（也有小份的星鰻飯2200日）

這個也很推薦！

宮島產牡蠣飯
2200日圓
全國的老饕都大力稱讚的逸品，附湯和醃漬小菜。

位於表參道商店街的入口，招牌非常顯眼的入口。

やましろや

山代屋

講究的調味料是美味的關鍵

星鰻飯奢侈地大量使用日本國產星鰻，美味的關鍵則在於星鰻的醬汁。醬汁使用冰糖蜜、酒醋等講究的調味料，加上仔細熬煮而成的濃郁醬汁烤出來的星鰻，味道更甘甜美味。位於嚴島神社出口附近，交通方便。

☎0829-44-0258 🏠廿日市市宮島町102
🕐11～16時（售完打烊）🈺不定期 🚋宮島棧橋步行15分 🅿無 🗺️P48B4

星鰻飯 1900日圓
仔細確認火候烤出來的高品質星鰻，和餘韻無窮的高水準醬汁

這個也很推薦！

烤牡蠣（2個）
420日圓
會連殼一起端上桌的熱門副餐，要趁熱吃。

店內保留著大正時代的浪漫風情

おしょくじどころ うめやま

お食事処 梅山

使用完整的2條星鰻

創業至今已經超過100年的星鰻和牡蠣料理專賣店。招牌料理是星鰻丼飯，使用優質的2條星鰻，滿滿地鋪滿在米飯上。星鰻口感厚實而有彈性，讓人一吃就停不下來。此外，還有牡蠣飯1680日圓、炸牡蠣咖哩飯1100日圓等牡蠣料理。

☎0829-44-0313 🏠廿日市市宮島町844-1 🕐10～17時 🈺不定期 🚋宮島棧橋步行5分 🅿無 🗺️P48B3

星鰻丼飯 1680日圓
鋪著滿滿的星鰻，附海帶湯、醃漬小菜

這個也很推薦！

烤帶殼紅螺
1580日圓
就算是在宮島也很難吃到的「紅螺」，建議當作下酒菜。

位於表參道商店街的入口附近

 星鰻飯就算冷了也很美味。午餐建議可以買星鰻飯便當，在紅葉谷公園（P23）的藍天下吃。

好好吃一頓？隨便吃一點？
鮮彈的宮島牡蠣

說到宮島名產，絕對不可漏掉牡蠣。宮島的牡蠣大顆且鮮度十足。
從正式的料理到外帶的輕食，可以享受到牡蠣的各種吃法。

牡蠣屋
かきや

用大火燒烤的牡蠣，是絕佳的美味！

在宮島烤牡蠣烤了40年以上的師傅所開的牡蠣專賣店。自豪的烤牡蠣使用新鮮度超群的牡蠣，用大火豪邁得烤過，濃郁的味道就算不加任何調味料，本身帶有的海水鹹味就已經足夠美味。烤牡蠣以外的料理也很豐富，可以搭配白酒和日本酒等酒類一起享用。同樣是該店人氣料理的牡蠣屋定食2150日圓，是菜單上沒有的隱藏料理。店裡也有單賣1顆300日圓的烤牡蠣，請務必嘗嘗！

☎0829-44-2747 🏠廿日市市宮島町539
🕙10～18時(售完打烊) 🈲不定期 🚊宮島棧橋步行15分 🅿無 (MAP)P48B3

最高級的牡蠣簡單調理過，保留牡蠣原本的風味。照片前方起依序為牡蠣飯糰1個330日圓、特選炸牡蠣1620日圓、烤牡蠣4顆1150日圓

再吃一道

牡蠣飯1080日圓，香氣和味道都很特別

《還有這些料理》
特選炸牡蠣　1620日圓
炸牡蠣定食　1620日圓
牡蠣屋的油漬牡蠣　540日圓

店內裝潢以黑、白為基調的現代風

何謂宮島的牡蠣？
宮島近海流入了太田川和宮島原生林的營養素，海有很多漂浮植物，最適合養殖牡蠣。養殖出的牡蠣體型大、鮮味強烈，在宮島全年都能吃到礦物質豐富的牡蠣。

かきや

《還有這些料理》
牡蠣烏龍麵　950日圓
炸牡蠣咖哩　1380日圓
炸牡蠣　1400日圓

再吃一道

可以眺望到庭園，令人放鬆的和式座位

牡蠣蓋飯1300日圓。牡蠣加滑蛋，組合成絕妙的美味

整年都可以品嘗到最新鮮的牡蠣
生牡蠣4顆1400日圓

焼がきのはやし
やきがきのはやし

整年都能吃到烤牡蠣和生牡蠣

創業約70年的「烤牡蠣」創始店，可以品嘗到多樣化的牡蠣料理和星鰻料理。招牌料理是在店裡現烤的烤牡蠣4顆1200日圓，鮮彈而飽滿到快裂開的大牡蠣，很吸引人。

☎0829-44-0335 🏠廿日市市宮島町505-1
🕙10時30分～16時30分(LO) 🈲週三(逢假日則前一日或翌日休) 🚊宮島棧橋步行8分 🅿無 (MAP)P48B3

牡蠣愛好者的最愛 充滿牡蠣的祭典

可以享受各式各樣便宜的牡蠣料理，也有販售生牡蠣的「宮島牡蠣祭」。約在牡蠣最肥美的2月第2個週六、日，在宮島棧橋周邊舉行。
☎0829-44-2011（宮島觀光協會）
MAP P48B2

加了大顆牡蠣的くらわんか廣島燒（含有牡蠣）1300日圓

《還有這些料理》
烤牡蠣　佐柚子醬油醋（5顆）590日圓
鐵板烤扇貝（6顆）640日圓
くらわんか廣島燒（含有起司）940日圓

再吃一道

用鐵板燒烤的鐵板烤牡蠣（5顆）590日圓

吧檯座位可以看到食材在面前燒烤的樣子

多汁的烤牡蠣1顆200日圓。附上的檸檬推薦在最後吸著吃

おこのみやき くらわんか
お好み焼き くらわんか
廣島特產和宮島特產的絕妙融合

可以吃到改用宮島牡蠣製作的廣島燒和鐵板燒。招牌的くらわんか廣島燒780日圓，還可以加點牡蠣和扇貝等配料。入口處的大勺子非常醒目。
☎0829-44-2077　🏠廿日市市宮島町甲589-5　🕚11時～17時30分　🈺不定期　🚋宮島棧橋步行6分　🅿無　MAP P48B3

《還有這些料理》
炸牡蠣（一串）　300日圓
醋漬牡蠣（一盤）　600日圓
生啤酒　550日圓

在宮島邊散步邊吃牡蠣

おきのすいさん
沖野水産
以顆為單位販售烤牡蠣

由牡蠣養殖經歷55年的業者，直接供應自豪的牡蠣，因此可以用合理的價格吃到非常新鮮的牡蠣。以顆為單位販售烤牡蠣，也是這間店的特色。可以輕鬆的吃到烤牡蠣非常令人開心。
☎0829-44-2911　🏠廿日市市宮島町553-1　🕙10～16時　🈺不定期　🚋宮島棧橋步行6分　🅿無　MAP P48B3

ぺったらぽったらほんぽ
ぺったらぽったら本舗
以吃點心的感覺享用宮島名產

販售「烤飯糰」，炸過的糯米塗上甜鹹醬油後，再用炭火烤過。有放上牡蠣和包入星鰻的兩種口味。外層酥脆、中心軟彈，口感新穎，是最適合邊走邊吃的名產。
☎0829-44-2075　🏠廿日市市宮島町北之町浜1183-2　🕙10時～17時30分　🈺不定期　🚋宮島棧橋步行5分　🅿無　MAP P48B3

從店家飄出讓人聞了食指大動的香味

放上整顆牡蠣的烤飯糰，1個320日圓

等待烤飯糰的時間，可以和店員閒聊

除了宮島，廣島市、吳等沿岸地區，在冬天也會舉辦牡蠣祭典。還有「廣島牡蠣之路」的活動（P57）。

散步途中想順便前往的
6間絕佳宮島咖啡廳

用老建築改裝的咖啡廳和可以眺望到大鳥居的咖啡廳等等，
宮島有很多舒服、寧靜的咖啡廳。

GODIVA 熱香蕉巧克力
1080日圓
含有大量多酚類的GODIVA熱巧克力，
加上一整根香蕉

如果想吃甜食

神戸荻原QUEST
咖啡972日圓
不加牛奶和砂糖，而
是邊品嘗巧克力邊喝
的咖啡

かふぇあんどだいにんぐ よいもせず
Cafe&dining yoimosezu

可以眺望大鳥居的咖啡廳

位於「蔵宿いろは」（☞P44）1樓的
咖啡餐廳。可以在眺望大海和大鳥
居，充滿開放感的氛圍中，享受用當
地當季食材調理而成的料理。以星
鰻為主題的滿滿星鰻膳2376日圓等
料理，也很吸引人。

☎0829-44-0168
🏠廿日市市宮島町
589-4 蔵宿いろは1
階 🕐11時～21時
30分 🈁不定期 🚋
宮島栈橋 步行5分
🅿無
ⓂAP P48B3

位於現代風旅館內的
咖啡廳。也有販售雜
貨。

手作紅茶戚風蛋糕
套餐800日圓
每天在店裡手工製作而成的戚風蛋糕，
鬆軟的口感很吸引人。

也有販售雜貨

針山
各1200日圓
圓滾滾的造型和鮮艷
的配色很可愛。感覺
能讓裁縫變得更愉快！

ぎゃらりぃみやざと
ぎゃらりぃ宮郷

度過安靜時光的復古咖啡

由250年歷史的杓子批發商店改裝
而成，茶房內充滿日式的溫暖氛圍，
可以在店內喝茶、吃蛋糕，度過溫馨
的片刻，很受歡迎。附設藝廊和和
風小物雜貨店，藝廊會舉辦藝術家
的個展等等。

☎0829-44-2608
🏠廿日市市宮島町町
家通り 🕐10時～18
時30分 🈁週三 🚋
宮島栈橋 步行8分
🅿無
ⓂAP P40D3

柔和的陽光從中庭
灑入有掛簾的店內

奶油起司蛋糕550日圓(右前方)、
冰卡布奇諾咖啡550日圓(左後方)等
每日手作的甜點和講究的咖啡很搭配，
蛋糕套餐890日圓

如果想買伴手禮

綜合咖啡豆
200g990日圓
在家也可喝到和咖
啡廳一樣的道地咖啡

さらすう゛ぁてい
sarasvati

品嘗講究的自家烘焙咖啡

店長抱持著「咖啡廳要供應真正美
味的咖啡」信念，自家烘焙的咖啡
500日圓，堅持在客人點了咖啡之
後，才將每天早上烘焙完成的咖啡
豆研磨沖泡，其細心的工作態度也
吸引了很多粉絲。

☎0829-44-2266
🏠廿日市市宮島町
407 🕐8時30分～
19時 🈁無 休 🚋宮
島栈橋 步行10分
🅿無
ⓂAP P48B3

舊倉庫改裝而成的
簡約店家

吃和秀吉有淵源的甜點
小憩片刻

在「塔之岡茶屋」眺望龍髯之松小憩片刻。招牌太閤力餅550日圓，源於為豐臣秀吉在建造千疊閣時，提供麻糬給僧門當點心。可以搭配麴甜酒（430日圓）一起吃。
☎0829-44-2455 MAP P48B3

自製牡蠣奶油義大利麵
1410日圓
讓人驚訝牡蠣竟然有這麼多的濃郁精華湯汁

如果想吃甜食

當季水果塔
540日圓
想在下午茶享用的熱門甜點，全部是甜點師傅親手製作。

かふぇあんどばー ばんびーの
Cafe&Bar bambino

特別的氛圍讓人不覺時間流逝

自然的氛圍讓人感覺很舒服，不論是白天還是晚上都人潮不斷。免費提供相機和手機充電、網路等，針對旅客的完善服務也很令人開心。晚上會變身為提供豐富料理的酒吧。

☎0829-44-1415
🏠廿日市市宮島町536-9 中屋ビル2階
🕐12時～翌日1時 🈲週一 🚉宮島棧橋步行6分 🅿無
MAP P48B3

店內的氛圍，讓女性也可以輕鬆單獨前往

tea's聖代
1080日圓
使用義式冰淇淋和自製的穀片。可以享受到3種不同的茶風味。

也有販售雜貨

原創紙膠帶
420日圓
有檸檬圖案、紅葉圖案等多種流行多彩的插畫紙膠帶，非常可愛！

かふぇ はやしや
CAFE HAYASHIYA

豐富的當地食材料理

午餐&咖啡廳的輕食，主要使用廣島等近郊地區的食材，很受好評。咖啡廳另設有雜貨販賣區，販售原創的小鹿週邊商品，只來逛逛、購買雜貨也很歡迎！

☎080-1932-0335
🏠廿日市市宮島町家通504 5 🕐11～17時（週六～17時30分）🈲週三公休，週四不定期 🚉宮島棧橋步行8分 🅿無
MAP P48B3

時尚氛圍的樓層

咖啡拿鐵
450日圓
最推薦有拉花裝飾的這一杯，牛奶的甜味讓咖啡變得更好喝。

如果想買伴手禮

濾掛咖啡沖泡包
4入組540日圓
在家裡也可以享受到和店裡一樣的正統美味咖啡。

いつきこーひーふぁくとりー
伊都岐珈琲factory

在咖啡豆店品嘗一杯芳香的咖啡

除了有自家烘焙工廠，也有附設試飲咖啡廳的咖啡豆店。除了使用香氣十足的獨創綜合咖啡豆所沖泡的濾泡式咖啡450日圓，豐富的各種咖啡連咖啡達人也信服。手工蛋糕也很受歡迎。

☎0829-20-5106
🏠廿日市市宮島口1-11-7 宮島口もみじ本陣内 🕐9～19時 🈲無休 🚉JR宮島口步行5分 🅿5輛
MAP P48A1

品味優秀的現代風裝潢，也很受好評

 在渡輪站內的宮島觀光諮詢所和町家通的店，都有發放介紹町家通的免費「町家通導覽圖」。

可以當成點心也可以當作伴手禮，紅葉饅頭大集合！

廣島伴手禮中很受歡迎的紅葉饅頭，其實發源於宮島。
很多店都有在製作、販售，可以品嘗到現烤的紅葉饅頭，也可以觀賞到製作的過程。

ミヤトヨ本店
みやとよ ほんてん

起司紅葉饅頭的創始店

創業至今皆承襲手烤的製法，同時也開發新穎的商品。在全國點心大博覽會獲得內閣總理大臣獎，起司紅葉饅頭很受歡迎。

☎0829-44-0148 🏠廿日市市宮島町854-1 ⏰9時～17時30分 🈳無休 🚃宮島棧橋步行4分 🅿無 **MAP** P48B2

招牌上方的杓子是醒目的標誌

熱門

起司
1個100日圓
包著大塊塊狀起司。也推薦稍微加熱後再食用。

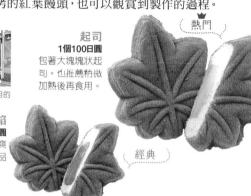

經典

紅豆泥餡
1個90日圓
濕潤外皮搭配清爽的餡料的絕妙逸品

經典

熱門

顆粒紅豆紅葉
1個90日圓
餡料加入顆粒紅豆泥的創始商品。可以充分享受到帶有溫和甜味的日本國產紅豆風味。

紅豆泥餡
1個90日圓
後味清爽的餡料和柔滑的外皮，美味得讓人著迷

岩村もみじ屋
いわむらもみじや

用精心製作的餡料一決勝負

創業於明治末期的老店。紅葉饅頭只販售顆粒紅豆餡和紅豆泥餡2種口味。嚴選國產食材製成的蜂蜜蛋糕和自製糖果，很受歡迎。

☎0829-44-0207 🏠廿日市市宮島町304-1 ⏰9～17時 🈳週三(不定期) 🚃宮島棧橋步行15分 🅿無 **MAP** P48B4

位於嚴島神社旁的小巷子，樸素的店鋪

藤い屋 本店
ふじいや ほんてん

記得也要看 P102喔

融合傳統和創新

大正14年(1925)創業。保留老店味道的同時，也研發講究風味的紅葉饅頭。附設內用空間。

☎0829-44-2221 🏠廿日市市宮島町1129 ⏰8時30分～18時 🈳無休 🚃宮島棧橋步行7分 🅿無 **MAP** P48B3

內用空間約有60個座位

紅豆泥餡
1個90日圓
未曾改變的傳統味道，特色是甜味高雅的餡料和鬆軟的外皮。

日本紅葉
2個380日圓
在大納言紅豆和甜豌豆中，加入砂糖和寒天製成楓葉形狀。

熱門

經典

🔼需在店家排隊等待現場製作完成 🫖提供茶飲 宮只有宮島才有的店

紅豆泥餡
1個85日圓

使用剝除紅豆外皮煮成的細緻紅豆餡，味道絕佳的紅葉饅頭

經典

與眾不同的餡

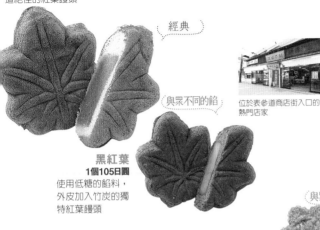

位於表參道商店街入口的熱門店家

黑紅葉
1個105日圓

使用低糖的餡料，外皮加入竹炭的獨特紅葉饅頭

記得也要看 P102喔

やまだや みやじまほんてん
やまだ屋 宮島本店

傳統的味道很吸引人

在全國點心博覽會等競賽中獲得多數獎項，是實力派的店家。保留傳統味道的紅葉饅頭共有18種口味，讓人想要全部吃過一次。

☎0829-44-0511 住廿日市市宮島町835-1 ⏰8～20時 休無休 交宮島棧橋步行5分 P無 MAP P48B3

與眾不同的餡　登錄商標

炸紅葉饅頭
1個180日圓

有紅豆、奶油、起司3個口味。享受熱騰騰＆酥酥脆脆的紅葉饅頭

與眾不同的餡

きむらや ほんてん
木村家 本店

承襲傳統製作方法的老店

不使用讓外皮變軟的乳化劑等添加物，特色是有著恰好彈性的外皮。透過玻璃窗可以也看到紅葉饅頭製作的過程。

☎0829-44-0211 住廿日市市宮島町844-1 ⏰9時～售完為止 休不定休 交宮島棧橋步行5分 P無 MAP P48B2

持續守護傳統的細膩作法

葡萄乾
1個90日圓

蜂蜜蛋糕內散布著用蘭姆酒醃漬過的葡萄乾，味道很西式。

もみじどう にばんや
紅葉堂 弍番屋

新穎的紅葉饅頭很受歡迎

將自家的紅葉饅頭裹上麵衣炸成的「炸紅葉饅頭」，非常受歡迎。店內除了咖啡廳以外，還有景點「炸紅葉饅頭神社」！

☎0829-44-1623 住廿日市市宮島町512-2 ⏰9時30分～17時30分(有季節性變動) 休不定期 交宮島棧橋步行6分 P無 MAP P48B3

南瓜餡
1個90日圓

白豆沙餡加上南瓜泥製成的紅葉饅頭。南瓜餡本身的甜味很吸引人

熱門　與眾不同的餡

炸紅葉饅頭霜淇淋
480日圓

在冰涼的霜淇淋上放上喜好口味的炸紅葉饅頭！

在店享用現炸的紅葉饅頭

📖 紅葉饅頭的由來有各種說法。伊藤博文看了茶屋女店員的手說:「像是紅葉一樣可愛，讓人忍不住想吃一口。」的傳說，是其中一種說法。

在宮島的主要街道・表參道商店街選購伴手禮

在宮島散步的最後，到表參道商店街仔細得選購伴手禮。
在販售宮島名產或原創商品的店，找找自己喜歡的伴手禮！

有齊全的宮島伴手禮

おもてさんどうしょうてんがい
表參道商店街

長約350m的街道上，有很多可以品嘗到星鰻和牡蠣等料理的餐廳和伴手禮店，非常熱鬧。
MAP P48B3

2 小林一松堂
こばやしいっしょうどう

宮島引以為豪的傳統！欣賞轆轤工藝

轆轤工藝是宮島區域自古以來傳承下來的傳統工藝，主要販售用轆轤技法製造出的木製品，商品從餐具到木盆等等都有，種類豐富。

☎0829-44-0067 **住**廿日市市宮島町470-2 **⊙**9～18時 **休**不定休 **交**宮宮島棧橋步行8分 **P**無 **MAP** P48B3

1 獨特風格的店面讓人印象深刻 2 笑臉湯子&叉子2入1組900日圓 3 童話故事系列餐具1個480日圓 4 松木圓台座各5000日圓。松木的細緻木紋很漂亮

往宮島棧橋

表參道商店街

〒

4

3

1

2

3

1 zakkaひぐらし
ざっかひぐらし

充滿小鹿或大鳥居為主題的優質品味小物

店家的理念是販售融入在日常生活中的「生活小工具」。除了以小鹿和大鳥居等為主題的原創商品，還有從全國各地挑選的豐富藝術家作品和雜貨。

☎0829-44-0168 **住**廿日市市宮島町589-4 藏宿いろは1階 **⊙**10～17時 **休**無休 **交**宮島棧橋步行5分 **P**無 **MAP** P48B3

1 小鹿擺飾2700日圓 2 原創的小鹿筷架864日圓 3 鳥居蕎麥麵小碗各1512日圓 4 店內也有可愛的擺飾 5 原創子拭巾各1080日圓 6 陳列著大量陶瓷、鐵、玻璃等材質的雜貨 7 入口處有迎接客人的時尚看板

商品可能售罄

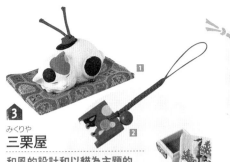

最適合邊走邊吃

旅館「錦水館」1樓附設的「○錦本舖」，有販售使用名產星鰻的包子，1個450日圓。新鮮星鰻加上柚子胡椒風味，十分美味。

☎0829-44-2131(錦水館) **MAP** P48B3

❸ みくりや
三栗屋

和風的設計和以貓為主題的原創商品很漂亮

熱門商品是店主繪製的原創墜子。彩繪上四季的花草和可愛的貓咪圖案。運氣好的話，說不定可以遇到店貓小春。

☎0829-44-2668 🏠廿日市市宮島町541-6 🕙10～17時 🈺週四 🚉宮島棧橋步行7分 🅿無 **MAP** P48B3

1 睡著的貓陶鈴2500日圓 2 原創手繪墜子1個500日圓 3 臍帶盒3200日圓～（因手工製作，需洽詢是否有庫存） 4 入口的招牌也很漂亮

店貓小春

❹ みんげいふじいや
民芸 藤井屋

充滿手作的宮島玩偶和民藝品

創業已超過120年，附近區域數一數二的民藝品老店。在多數商品中最推薦的是宮島玩偶，全部皆為手工製作，繽紛的配色和幽默的表情很可愛。

☎0829-44-2047 🏠廿日市市宮島町中之町浜1132 🕙9～17時 🈺不定期 🚉宮島棧橋步行7分 🅿無 **MAP** P48B3

1 用大杓子做為招牌 2 宮島貓頭鷹玩偶2600日圓等 3 原創商品詩籤書籤各350日圓 4 水墨暈色的迷你鈴鐺500日圓

往嚴島神社 ➤

❺ しゃくしのいえ みやざと
杓子の家 宮郷

說不定廚藝會進步!?
買宮島的優良杓子作伴手禮

據說原本是杓子的批發專賣店。從有各式各樣文字的裝飾用杓子、日常使用的杓子，到送禮用的高級杓子，有宮島引以為豪的各種類型杓子，選購時可以依照自己喜好的觸感等。

☎0829-44-0084 🏠廿日市市宮島町488 🕙9時～17時15分 🈺週三 🚉宮島棧橋步行7分 🅿無 **MAP** P48B3

1 特上桑杓子1600日圓 2 宮島杓子櫻花鍋鏟（有洞）750日圓 3 宮島杓子櫻花鍋鏟700日圓 4 店裡陳列的杓子中，也有華麗的裝飾用杓子

❻ しぜんこうぼう いしころかん みやじま
自然工房 石ころ館 宮島

許下幸福的願望
將開運石飾品穿戴在身上

約有50種以上以天然石和石頭製作的飾品。附有宮島限定的紅葉和鳥居主題的紅瑪瑙吊飾等，很推薦當作伴手禮。

☎0829-40-2505 🏠廿日市市宮島町462 🕙9時30分～17時30分 🈺無休 🚉宮島棧橋步行8分 🅿無 **MAP** P48B3

1 從嚴島神社步行即到 2 手環2160日圓 3 琉璃珠、紅瑪瑙鳥居飾3240日圓 4 琉璃珠、紅水晶紅葉吊飾1620日圓

讓旅行的回憶更深刻…
住在令人陶醉的宮島

如果不在意時間，想悠閒的享受旅行的話，推薦住在宮島。
難得出來旅行，可以選擇豪華一點的住宿，盡情享受在宮島的時光。

蔵宿いろは
くらやど いろは

獨占宮島的絕景
在天空之湯度過最放鬆的時刻

將營業超過100年以上的傳統老旅館，重新改裝為東西融合的現代設計，於2009年開幕。從面海側的客房和最上層的大浴場，可以一覽無遺嚴島神社的大鳥居和壯觀的瀨戶內海等令人不禁屏息的絕景。也有附設「美容沙龍空間 asakiyume」、「Cafe&dining yoimosezu（→P38）」和雜貨店「zakka ひぐらし（→P42）」等店，可以享受到充實的住宿時光。堅持使用當地新鮮食材的料理，可以一次享受到宮島的美味。溫暖的服務則保證能讓日常生活中的疲累身體從內而外放鬆，是一間想用來獎勵自己的住宿。

☎0829-44-0168 廿日市市宮島町589-4 宮島棧橋步行5分 P無 MAP P48B3 ●5層樓18間客房 ●室內浴池2 露天浴池2 無包租浴池

（→P38）（→P42）

費用

⊹平　日 36720日圓～
假日前日 36720日圓～
IN 16時
OUT 11時

❋Note
提供「John Master Organic」盥洗套組。美好的花香味很舒服。在美容沙龍則可以享受到最幸福的放鬆時光。

眺望窗外的景色，度過悠閒的時光

保證讓人度過最棒的時光 4個重點

1 提供瀨戶內海的新鮮海產

2 可以享用到最高等級A5的牛肉

3 料理使用嚴選雞蛋

4 世羅高原出產的絕品有機蔬菜

1 可以觀賞到絕景的大浴場露天浴池 2 充滿情調的溫馨玄關 3 料理使用中國地區山地和瀨戶內海的當季食材，餐具也很講究

可以看到大鳥居　源泉放流式　在房間用餐　美容沙龍　禁煙客房　大浴場　單人房

🏨🏠♨🈁
ほてるみや りきゅう

ホテルみや離宮

邊眺望宮島的海，邊悠閒享用
使用大量廣島食材的餐點，心滿意足

以有可以將宮島大海一覽無遺的大浴場而為人所知。座落於面向嚴島神社參道的位置，部分客房從窗戶可以眺望到嚴島神社的大鳥居和五重塔等。至於令人期待的餐點，晚餐是純和風的宴席料理，早餐則供應自助式早餐（有時會有和風定食），餐點大量使用廣島食材，充滿旅行的感覺。晚餐後，可以觀賞在大廳舉行的宮島離宮太鼓演奏。

┌─── 費用 ───┐
✤ 平 日　8640日圓～1人1間
✤ 假日前日　9720日圓～1人1間
🕐 IN 15時 OUT 10時

✤Note
有包含早餐的便宜簡單住宿方案，也歡迎單獨一個人的住宿客人！還有提供適合家庭或是情侶的各種住宿方案。

☎0829-44-2111 🈁廿日市市宮島町849 🚋宮島棧橋步行3分 🅿無 MAPP48B2 ●5層樓71間客房 ●2013年改裝 ●泉質：非溫泉 ●室內浴池2

1 面海的和式房最受歡迎，也有面神社的客房
2 大浴場使用榻榻米。充滿和風氛圍

🈁♨🈁
いわそう

岩惣

紅葉谷公園的美景令人感動！
偉人也喜愛的傳統老旅館

除了夏目漱石，由於很多歷史人物都曾在此住宿而廣為人知，就算在宮島也是數一數二的傳統老旅館，現在仍持續服務觀光客。因為座落於紅葉谷公園內，窗外有著山群創造出的豐富自然美景。特別推薦在紅葉季節住宿，廣闊的美景令人感動！除了木造的本館以外，還有分館、可以眺望到瀨戶內海的新館，共有3種類型的客房可供選擇。

1 在四季變化萬千的美景中度過奢侈的住宿時光 2 附有露天浴池的大浴場，泡入天然溫泉消除疲勞

┌─── 費用 ───┐
✤ 平 日　23910日圓～
✤ 休前日　27150日圓～
🕐 IN 15時 OUT 10時

✤Note
旅館各處都充滿傳統和高雅的氛圍。就像是造訪深山裡的別墅，好好感受日本的建築之美！

☎0829-44-2233 🈁廿日市市宮島町もみじ谷 🚋宮島棧橋步行15分 🅿5輛 MAPP48B4 ●本館5間客房、新館30間客房、分館3間客房 ●室內浴池2 露天浴池2 無包租浴池

🈁🏠☕♨
ていえんのやど せきてい

庭園の宿 石亭

圍繞在瀨戶內的大自然中
在絕佳的空間內讓身心煥然一新

座落於宮島對岸，可以將宮島和瀨戶內海一覽無遺的高台，可以享受到大人風的奢侈住宿時光。每間客房皆有不同情調，客房內每一個照明都很講究，打造成極致的放鬆空間。還有四季不同美景的廣闊美麗庭園、酒窖、美容沙龍等等，各式各樣的設施應有盡有。嚴選的山產海產和鄉村野味的料理。泡在可以感受到木頭溫度的浴池裡，暫時忘記日常生活的疲憊。

┌─── 費用 ───┐
✤ 平 日　31470日圓～
✤ 假日前日　35790日圓～
🕐 IN 15時20分 OUT 10時20分

✤Note
悉心維護的回遊式庭園，最適合在泡完溫泉後休息片刻，可以讓人身心都放鬆。

☎0829-55-0601 🈁廿日市市宮浜溫泉3-5-27 🚋JR大野浦站開車5分（有接送服務） 🅿有 MAPP48B1 ●2層樓12間客房（附露天浴池1） ●泉質：含氡的單純弱放射能低溫泉、低張性弱鹼性溫泉 ●室內浴池2 露天浴池2

1 在有齊全的溫泉沙龍設備的客房盡情放鬆
2 夜間點燈的回遊式庭園

宮島的推薦景點

📷 宮島觀光服務處
みやじまかんこうあんないじょ

在這裡確認宮島的景點

宮位於宮島渡輪站內，建議抵達宮島後先到這裡。除了觀光資訊以外，也有豐富的各式資訊手冊。還有附設商店，販售原創托特包1200日圓和手拭巾「鹿猿」1200日圓等伴手禮。**DATA** ☎0829-44-2011 🏠廿日市市宮島町1162-18 🕘9〜18時 休無休 🚃宮島渡輪站內 🅿無 **MAP** P48B2

📷 宮島歷史民俗資料館
みやじまれきしみんぞくしりょうかん

保存了登錄為有形文化財的江上家

保存了從江戶時代到明治時代、以醬油釀造等事業而聞名的富商江上家。設施保存了繪畫、詩歌、古文書等約1000件的文物資料，介紹了宮島的歷史、民俗和生活文化等等。建築物則登錄為有形文化財。**DATA** ☎0829-44-2019 🏠廿日市市宮島町57 ¥300日圓 🕘9〜17時 休週一(逢假日、補休日則翌日休) 🚃宮島棧橋步行20分 🅿無 **MAP** P48A4

📷 宮島水族館 みやじマリン
みやじますいぞくかん みやじまりん

每天舉行海獅表演

水族館各處都充滿了看頭，以瀨戶內海的生物為中心，展示了350種、13000個以上的生物。也可以看到企鵝、小爪海獺和海獅等令人喜愛的動物。**DATA** ☎0829-44-2010 🏠廿日市市宮島町10-3 ¥1400日圓(中小學生700日圓、幼兒400日圓、未滿4歲的幼兒免費) 🕘9〜17時(最後入館時間16時) 休有為了設施檢修的臨時休館日 🚃宮島棧橋步行25分，或是搭乘宮島メープルライナー(公共巴士)10分 🅿身心障礙者車位2輛 **MAP** P48A4

「蚵架水槽」重現了牡蠣的養殖方法

「現場表演水池」每日都會舉行海獅表演

🏛 大本山 大聖院
だいほんざん だいしょういん

擁有宮島最古老歷史的寺院

大同元年(806)開基的真言宗御室派大本山。境內有觀音堂，安置了十一面觀世音菩薩像，十一面觀世音菩薩是平家一族也信仰的嚴島神社本地佛。境內也有祭祀弘法大師的大師堂，和豐臣秀吉在出兵朝鮮時，祈求海上安全的波切不動明王的敕願堂。**DATA** ☎0829-44-0111 🏠廿日市市宮島町210 ¥免費 🕘8〜17時 休無休 🚃宮島棧橋步行22分 🅿無 **MAP** P48B4

🏛 多寶塔
たほうとう

觀賞美麗的塔和景觀

位於嚴島神社西側，建於大永3年(1523)的塔，是國家重要文化財。特色為二層的屋頂，中間膨起的部分被稱為龜腹。多寶塔鮮豔的朱色，在春季時和櫻花相互映照，非常漂亮。可以將瀨戶內海、嚴島神社及五重塔等等一覽無遺的景觀也很棒。**DATA** ☎0829-44-2020(嚴島神社) 🏠廿日市市宮島町 ¥休自由參觀(只有外觀) 🚃宮島棧橋步行17分 🅿無 **MAP** P48B4

🍴 いな忠
いなちゅう

享用宮島名產星鰻＆牡蠣

島內第一個販售星鰻飯外帶便當的店。店裡總是充滿烤星鰻的焦香味。星鰻飯2000日圓。除了使用了在近海捕獲的星鰻所製作的料理，還有使用宮島牡蠣的豐富料理，很受歡迎的烤牡蠣4顆1100日圓。**DATA** ☎0829 44 0125 🏠廿日市市宮島町507-2 🕘10時30分〜15時 休週四 🚃宮島棧橋步行7分 🅿無 **MAP** P48B3

🍴 芝居茶寮 水羽
しばいさりょう みずは

在宮島的町家享用餐點或甜點

位於嚴島神社後方的餐廳＆咖啡廳，店鋪座落在曾是小劇場的地方，由江戶時代的町家改裝而成。在寧靜的氛圍中，除了星鰻飯1980日圓等使用當地特產的料理之外，還可以享受到抹茶(附麻糬)680日圓等甜點。**DATA** ☎0829 44 1570 🏠廿日市市宮島町大町1-2 🕘10〜17時 休不定期 🚃宮島棧橋步行12分 🅿無 **MAP** P48B3

やどやりょうり ひめあかり
宿屋料理 ひめあかり

輕鬆地品嘗引旅館的味道

位於溫泉旅館「錦水館」內，可以悠閒用餐的和食餐廳，以便宜的價格供應旅館的味道，可以享受到以當地食材製作出的別出心裁的料理，牡蠣咖哩1620日圓、牡蠣和星鰻的競演2490日圓。星鰻陶箱飯、牡蠣陶箱飯等料理1950日圓起。**DATA** ☎0829-44-2152 🏠廿日市市宮島町1133 錦水館本館1階 🕐11～15時 🈯無休 🚇宮島棧橋步行7分 🅿無 **MAP**P48B3

まちかど
町かど

座落於町家通的咖啡廳

座落於安靜的町家通角落，當地人也喜愛的咖啡店。改裝自江戶時代建築物的店內，充滿和風的溫馨氣氛，讓人想悠閒的喝杯咖啡。由原本在飯店工作的老闆所沖泡的咖啡500日圓，也能搭配蛋糕套餐800日圓、披薩套餐1000日圓等，請務必嘗嘗。**DATA** ☎0829-44-0271 🏠廿日市市宮島町534 🕐9～19時 🈯週二不定期 🚇宮島棧橋步行7分 🅿無 **MAP**P48B3

みやじまでんとうさんぎょうかいかん みやじまんこうぼう
宮島伝統産業会館
みやじまん工房

選購宮島的傳統工藝品當作伴手禮

展示販賣宮島雕刻和轆轤工藝品等，宮島傳統的工房。製作杓子、紅葉饅頭和宮島雕刻體驗活動也很受歡迎。**DATA** ☎0829-44-1758 🏠廿日市市宮島町1165-9 🈂手作體驗 紅葉饅頭1人756日圓、杓子1人324日圓、宮島雕刻1人1620日圓(需預約，需時約1小時) 🕐8時30分～17時 🈯週一(逢假日則翌日休) 🚇宮島棧橋步行即到 🅿無 **MAP**P48C2

みやじましょうゆやほんてん
宮島醤油屋本店

在這裡買到美味的伴手禮

以醬油和味噌等調味料為主，販賣豐富的原創食品。推薦加了果汁，風味清爽的果汁醬油180ml770日圓～，有苦橙、臭橙等共4種(照片為300ml1010日圓)。

写真はイメージ

此外，還有當地特產牡蠣佃煮和七味粉等等，適合當作伴手禮的豐富商品。**DATA** ☎0829-44-0113 🏠廿日市市宮島町439-1 🕐9～17時30分 🈯無休 🚇宮島棧橋步行8分 🅿無 **MAP**P48B3

てづくりはしこうぼう ゆうぜん
手作り箸工房 遊膳

有很多能讓用餐變得更愉快的筷子

陳列了約1000種筷子的筷子專賣店，皆為樸實而高雅的設計。以宮島名勝紅葉谷公園内的紅葉為靈感的紅葉筷子1300日圓，紅葉筷400日圓等，都很推薦當作伴手禮。提供免費的刻名字服務，非常令人開心。**DATA** ☎0829-44-0690 🏠廿日市市宮島町593 🕐9時30分～18時(12月中旬～4月中旬至17時30分) 🈯無休 🚇宮島棧橋步行5分 🅿無 **MAP**P48B3

はかたや
博多屋

在店裡購買現烤的紅葉饅頭

位於表參道商店街的紅葉饅頭店。在店裡可以看到烘烤紅葉饅頭的樣子。除了經典的紅豆餡以外，也有加了白桃果凍的水果、起司和抹茶等口味，全都皆以1顆為單位販售，最適合當作散步時的點心。還有供應免費的茶水。**DATA** ☎0829-44-0341 🏠廿日市市宮島町459 🕐8時30分～18時 🈯無休 🚇宮島棧橋步行8分 🅿無 **MAP**P48B3

也要進進宮島口棧橋周邊的店家！

往宮島的玄關—宮島口棧橋的週邊，有很多想讓人逛逛的店。

みやじまぐちのおもいでしょっぷえぴろ
みやじまぐちの想い出shop epilo

聚集了新銳作家的力作

販售在廣島活躍的藝術家監製的雜貨、點心等，商品種類豐富。2樓設有二于書咖啡廳，藻鹽蛋糕432日圓。**DATA** ☎080-3879-0016 🏠廿日市市宮島口1-5-11 あなごめしうえの内 🕐10～18時(週六、週日、假日～19時) 🈯不定期 🚇JR宮島口站步行2分 🅿10輛 **MAP**P48A1

おきなどう
おきな堂

鬆軟的外皮就是美味的秘密

創業至今超過半世紀的老店。堅持讓客人吃到現烤的美味。融化在口中的紅葉饅頭和季節限定的商品都很受歡迎。**DATA** ☎0829-56-0007 🏠廿日市市宮島口1-10-7 🕐9～19時 🈯週四(有補休) 🚇廣島電鐵廣電宮島口電站步行1分 🅿無 **MAP**P48A1

ぱーどれ まーどれ
PADRE MADRE

獨特的當地特產霜淇淋

可以外帶的咖啡廳。招牌商品是使用紅葉饅頭的紅葉饅頭霜淇淋(格子餅杯)380日圓。**DATA** ☎0829-56-3089 🏠廿日市市宮島口1-11-7 🕐8時40分～17時30分(有季節性變動) 🈯無休 🚇廣島電鐵廣電宮島口電站步行即到 🅿無 **MAP**P48A1

宮島口周邊的停車場在旺季一定會客滿。建議使用大眾交通工具前往。

宮島廣域

大野瀬戸

廿日市市

宮島

廣島縣

廿日市市宮島町

廣島市 110-111

岩國市 119

山口縣 江田島市

往廣島站
往廣島西廣島
往廿日市
往大竹站

宮島口站
宮島口棧橋
往廿日市JCT
往廣島站
宮島口站周邊

P.47 みやじまぐちの想い出shop epilo P.47
あなごめし うえの P.34
宮島口交番前
廣電宮島站
宮島口渡輪總站

P.47 おきな堂
P.47 PADRE MADRE
P.39 伊都岐珈琲factory

庭園の宿 石亭 P.45

宮島渡輪總站
嚴島神社
宮島水族館
みやじマリン
紅葉谷站
宮島空中纜車
榧谷站
獅子岩站
P.32 獅子岩展望台

宮島シーサイドホテル
聖崎
嚴島海峽

彌山原始林
彌山 P.23-32
535

往宮島口
宮島參拜遊覽乘船處 P.28
宮島牡蠣祭 P.37
人力車搭乘處 P.28
宮島觀光服務處 P.46
木村家 本店 P.41
zakka ひぐらし P.42
Cafe&dining yoimosezu P.38
蔵宿いろは P.44
お好み焼き くらわんか P.37
手作り箸工房 遊膳 P.47
べったらぼったら本舗 P.37
Cafe&Bar bambino P.39
錦本舗 P.43
宮島水中花火大會 P.29
藤い屋 本店 P.40
博多屋 P.47
自然工房 石ころ館 宮島 P.43
櫓槳船乘船處 P.28
宮島醤油屋本店 P.47
御笠浜 P.27
夜間點燈 P.46
塔之岡茶屋 P.39
芝居茶寮 水羽
宮島清盛祭 P.29
清盛神社 P.31
宮島水族館 P.46
みやじマリン
宮島歷史民俗資料館 P.46
HART ADVENTURE CENTER
(獨木舟活動集合地點) P.28
多寶塔 P.46
大本山 大聖院 P.46

宮島渡輪總站
ミヤトヨ本店 P.40
ホテルみや
離宮 P.45
二位類燈籠 P.31
表參道商店街 P.23-42
錦水館
大鳥居
五重塔 P.22
荒胡子神社
三翁神社
嚴島神社
嚴島神社社務所
金刀比羅神社
嚴島神社 寶物館 P.31
白糸の瀧
四宮神社
岩村もみじ屋 P.40
西方院
ふじたや
山代屋 P.35
殿島神社

往廣島(宇品)
往廣島(元安橋)
廣島世界遺産航路乘船處 P.21-74
宮島棧橋
宮島學園宮島小中
長濱神社

宮島伝統産業会館 みやじまん工房 P.47
HOTEL 宮島別荘
廿日市市宮島支所
あなごめし 花菱 P.35
お食事処 梅山 P.35
やまだ屋 宮島本店 P.41
沖野水産 P.37
三栗屋 P.43
町かど P.47
牡蠣屋 P.36
町家通 P.23
CAFE HAYASHIYA P.39
紅葉堂 弐番屋 P.41
いな忠 P.46
ぎゃらりい宮郷 P.23-38
焼がきのはやし P.36
杓子の家 宮郷 P.23-43
小林一松堂 P.42
豊國神社(千畳閣) P.22
sarasvati P.38
宮島グランドホテル有もと
岩惣 P.45
舞樂 P.29
神能 P.29
管絃祭 P.29
紅葉谷公園 P.23

廿日市市

宮島空中纜車 P.32
紅葉谷站
往獅子岩站

國民宿舎 みやじま杜の宿 P.46
聚景荘
大願寺

徳寿寺
存光寺
真光寺

往白糸之瀧

廣島市區的美食之趣

"超美味" 知名美食介紹

除了廣島美食的代名詞─廣島燒，
鮮彈的牡蠣、瀨戶內海的鮮魚料理、
及充滿個性的當地麵類美食等等，
廣島市區有許多增添旅行樂趣的豐富美食。

先品嘗傳統老店的味道吧！
廣島的靈魂食物·廣島燒

說到廣島美食的代表，就會想起廣島燒。從眾多的店家中挑選出來，在此介紹第一次去廣島一定要去、長年受大家喜愛的廣島燒名店。

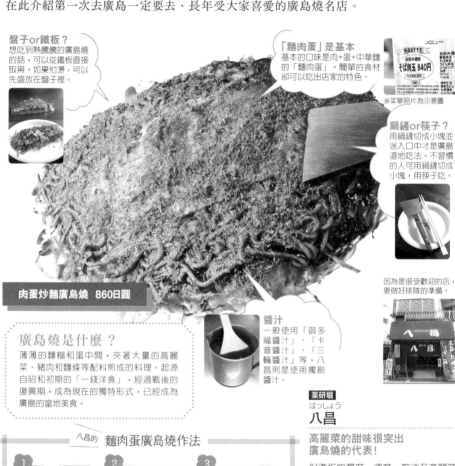

盤子or鐵板？
想吃到熱騰騰的廣島燒的話，可以從鐵板直接取用。如果怕燙，可以先盛放在盤子裡。

「麵肉蛋」是基本
基本的口味是肉+蛋+中華麵的「麵肉蛋」。簡單的食材卻可以吃出店家的特色。

※菜單照片為示意圖

鍋鏟or筷子？
用鍋鏟切成小塊並送入口中才是廣島道地吃法。不習慣的人可用鍋鏟切成小塊，用筷子吃。

因為是很受歡迎的店，要做好排隊的準備。

肉蛋炒麵廣島燒　860日圓

廣島燒是什麼？
薄薄的麵糊和蛋中間，夾著大量的高麗菜、豬肉和麵條等配料煎成的料理。起源自昭和初期的「一錢洋食」，經過戰後的復興期，成為現在的獨特形式，已經成為廣島的當地美食。

醬汁
一般使用「御多福醬汁」、「卡普醬汁」、「三輪醬汁」等，八昌則是使用獨創醬汁。

薬研堀
はっしょう
八昌

**高麗菜的甜味很突出
廣島燒的代表！**

對鐵板的厚度、溫度、煎法及高麗菜產地等細節都很講究，花了40年完成的味道很受好評，假日在一開店就開始排隊。請務必嘗嘗看食材、麵糊及醬汁等搭配絕妙的廣島燒。

☎082-248-1776 🏠広島市中区薬研堀10-6 🕐16時~22時30分(週日、假日~21時) 🈹週一、每月第1、3週二 🚃廣島電鐵銀山町電站步行7分 🅿無 MAP P115E2

八昌的
麵肉蛋廣島燒作法

1 煎薄薄一層用麵粉、牛奶和蛋調製而成的麵糊，放上高麗菜和豬肉片等配料。

2 翻面，讓高麗菜慢慢悶至甘甜柔軟，並讓水分收乾得剛剛好。

3 加上同時煎好的麵和蛋，刷上大量的醬汁就完成了！

想在家裡享用御好燒就用御多福醬汁
（オタフクソース）

日本全國知名的御多福御好燒醬汁388日圓（500g）源自於廣島。使用大量蔬菜、水果和調味料混合而成，味道溫潤，廣島燒的店家也會使用。

☎0120-31-0529（御多福醬汁）

廣島市區美食
●廣島的靈魂食物‧廣島燒

八丁堀

みっちゃん そうほんてん

みっちゃん 総本店

廣島燒的歷史就從這裡開始

約60年前發跡於小攤販，一般認為是廣島燒的創始店。將高麗菜蒸炒到柔軟，享受其帶著甜味和口感的特別味道吧！

☎082-221-5438 倍広島市中区八丁堀6-7 ◷11～14時LO、17時30分～21時LO（週六、週日、假日為～14時30分LO、17～21時LO）休週三 交廣島電鐵八丁堀電車站步行5分 P無 MAPP112C2

加了烏賊、蝦子等海鮮，也有烏賊天婦羅和麻糬，分量十足。

含特製麵條 1350日圓

2017年3月改裝完成。也有販售獨創醬汁324日圓。

炒至高麗菜的水分揮發，口感清爽、酥脆好入口的廣島燒！

麵肉蛋+烏賊天婦羅、蔥花 1180日圓

藥研堀

たくちゃんのみせ はっこう

たくちゃんの店 八紘

酥脆系的代表！

使用當地產雞蛋、特別訂製的生麵條等嚴選食材。為了凸顯食材的味道，不使用化學調味料，只簡單的煎過，煎好的廣島燒沒有多餘的水分，可以享受到酥脆的口感。

☎082-242-4330 倍広島市中区薬研堀5-18 ◷18～24時LO 休不定期 交廣島電鐵銀山町電車站步行5分 P無
MAPP115E2

除了吧檯以外，也有一般桌椅座位，一群人一起來也OK

新天地

がんそへんくつやそうほんてん

元祖へんくつや総本店

持續進化的傳統老店

在廣島多數的廣島燒店家中，算是最古老的一間，發跡於小攤販。放置一晚後的麵糊，味道變得更有層次，和原創的清爽甜鹹醬汁也很搭配！

☎082-242-8918 倍広島市中区新天地2-12 ◷11時～翌日2時30分LO 休不定期
交廣島電鐵八丁堀電車站步行5分 P無
MAPP115D2

名人也常去的店家。廣島市內有很多分店。

加了鮮彈的新鮮烏賊和蝦子，味道更鮮美。

特製炒麵 1100日圓

 有些店家的廣島燒也可以加烏龍麵，吃起來會更有飽足感，也很推薦。

最適合當作觀光途中的午餐！
市區中心的廣島燒店

到平和記念公園和市區散步時，
推薦午餐可以在位於廣島市區中心、中午也有營業的廣島燒店家吃。

八丁堀
くるみや
胡桃屋

使用嚴選食材的膨鬆系

只使用受精蛋、釀造味霖、柴魚片及根昆布粉末等精心挑選的食材。麵糊味道清爽，因此可以充分享受到高麗菜本身的甜味和鮮味。最後可以加上用農家自家栽種的無農藥蔥花。

☎082-224-1080 住広島市中区八丁堀8-12 今元ビル2階 ⏰11時～14時30分、17～21時LO 休週日，其他也有不定期公休 交廣島電鐵立町電車站步行4分 P無 MAP P112C2

肉蛋麵 810日圓
麵糊體比較小，所以能享受到高麗菜本身的甜味

燉煮牛腱肉 486日圓
柔軟的牛腱肉刷上以柚子醋醬油為底的醬汁品嚐，非常少見的一道料理

副餐料理

店內有令人放鬆的和式座位

堀川町
ふみちゃん
ふみちゃん

深夜用餐也OK！的人氣店家

只選用甘甜的高麗菜，為了使廣島燒能煎製均勻，高麗菜用手工切絲，十分講究製作程序。用大火煎過的生麵條酥脆口感與高麗菜柔軟的口感，十分搭配。因為營業到深夜，也有很多當地人在喝酒聚會後來用餐。

☎082-542-8777 住広島市中区堀川町1-20 ⏰11時30分～翌日3時（週日、假日～24時） 休無休 交廣島電鐵胡町電車站步行3分 P無 MAP P115E1

肉蛋麵 750日圓
麵糊加入天婦羅碎屑，吃起來鬆軟中帶有一點酥脆的口感

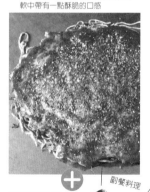

帶骨五花肉 800日圓
多汁的味道。照片後方是清爽的燉煮牛腱肉450日圓

副餐料理

據說演藝人員也會來用餐的有名店家

八丁堀
てっぱんや べんべえ はっちょうぼりてん
鉄ぱん屋 弁兵衛
八丁堀店

吃鐵板燒稱霸所有廣島特產！

中午可以吃到廣島燒，晚上則可以吃到使用名產牡蠣和廣島牛等食材的鐵板燒料理。廣島燒最受歡迎的口味是「特製弁兵衛」，在鐵板煎過的海鮮類放在加了大量蔥花的廣島燒上，非常豪華。

☎082-227-2900 住広島市中区八丁堀16-2 ⏰11～15時、17～24時 休過年期間 交廣島電鐵八丁堀電車站步行1分 P無 MAP P115D1

特製弁兵衛 1340日圓
廣島燒上，放上大量烏賊和蝦子等海鮮

海膽菠菜 1200日圓
海膽、半熟蛋及菠菜一起拌炒，廣島很受歡迎的美味

副餐料理

2樓和3樓有和風的包廂

可以吃到府中市名產「府中燒」的店家

「府中燒き としのや 堺町店」的御好燒，是在廣島縣東部府中市為人所知的府中燒。不使用豬肉片，而是使用絞肉，因此口感外酥內軟。炙烤蔥花美乃滋980日圓
☎082-231-1048 **MAP** P112A3

大手町
おこのみやき ながたや
お好み焼 長田屋

徹底得考慮味道的平衡

考慮到和豬肉的搭配，麵用豬骨高湯炒過，鮮味十足。醬汁使用加了較多的番茄，屬於酸味比較明顯的特製醬汁，對全體的味道平衡非常講究。離平和記念公園很近，觀光途中也能輕鬆順道前往。

☎082-247-0787 **住**廣島市中區大手町1-7-19 **⏰**11時～20時30分LO **休**週二、每月第4週三 **交**廣島電鐵原爆圓頂館前電車站步行3分 **P**無 **MAP** P114B2

長田屋燒 1350日圓
肉蛋麵條加上烏賊、蝦子，放上蔥花，最後打上雞蛋

+

配料

綠紫蘇 110日圓
蔥花、炸烏賊天婦羅、蒜片等配料也是110日圓

一般座位、吧檯都設有鐵板

富士見町
おこのみやき・てっぱんやき たかやじぞうどおりほんてん
お好み焼・鉄板焼 貴家。地蔵通本店

盡情享受最講究的一盤

每個季節都會更換成不同產地的手工切絲高麗菜、原創醬汁等等，連細節也很講究，煎出自豪的一盤廣島燒。酥脆的麵和鬆軟的蔬菜搭配起來，滋味絕妙。店內的座位皆為吧檯座位。☎082-242-1717 **住**廣島市中區富士見町5-11 **⏰**11時30分～15時、17時～23時30分 **休**週二、每月第1週一(逢假日則營業) **交**廣島電鐵中華前電車站步行5分 **P**無 **MAP** P115D3

特製+觀音蔥 1250日圓
加了烏賊、蝦子的豪華廣島燒。還撒上大量帶有甜味的觀音蔥

+

配料

炸蝦天婦羅、蝦子、烏賊各 150～200日圓
廣島常在廣島燒裡面加炸蝦天婦羅

也可以和親切的店員聊天

流川町
おこのみやき こしだ
お好み焼き 越田

認真的將第一代的味道傳承下去

18時開店，營業至深夜。現任店主承繼了第一代老闆，也是現任店主祖母「朝子婆婆」的味道，加入少量雞骨高湯調味的麵糊等等，每個細節都非常講究而出色。不論哪個時段人都很多，必須有排隊的覺悟！

☎082-241-7508 **住**廣島市中區流川町8-30 **⏰**18時～翌日3時 **休**週日(逢三連假則週一休) **交**廣島電鐵銀山町電車站步行7分 **P**無 **MAP** P115E2

特製越田 1030日圓
口感柔軟的麵和麵糊很搭配，加上蔥花一起吃，會美味得讓人印象深刻

+

配料

鐵板燒 牛肚 1050日圓
雖然直接吃也很美味，但是更適合當作廣島燒的配料

位於居酒屋街的一角

廣島線東部的尾道市有「尾道燒」，添加了特產雞胗、炸烏賊等食材，是當地原創的御好燒。

準備回家的時候也可以享用，廣島站&周邊的廣島燒店

時間有限的觀光&出差的時候，推薦在廣島站&周邊的店家吃廣島燒。
此外，集結了很多店家的廣島燒主題園區也很方便。

電光石火
1050日圓
麵糊、高麗菜及麵完全被蛋包起來

▼JR廣島站前「廣島燒物語站前廣場」內的店家

`廣島站周邊` `廣島燒物語站前廣場`
でんこうせっか えきまえひろばてん
電光石火 站前廣場店

齊全的新穎廣島燒

有著讓人不禁疑問「這是廣島燒？」的豐富獨特料理店家。和店名相同的招牌料理「電光石火」，是將大量高麗菜充分蒸炒過後，用蛋包成鬆軟蛋包的料理。

☎082-568-7851 住広島市南区松原町10-1広島フルフォーカスビル6階 ⏰10～22時30分(22時LO) 休無休 交JR廣島站步行3分 P無 MAP P112A2

特製
1270日圓
加了烏賊和蝦子，分量十足很有飽足感

▼創業55年的老舖風味

`廣島站內` `廣島大樓ASSE 2F`
れいちゃん
麗ちゃん

一開店就排隊的人氣店家

常常一開店就客滿，店內會有6名師傅忙碌的煎廣島燒。一片廣島燒使用150g高麗菜，很有分量感。加入番茄醬帶出高麗菜甘甜的味道，用豬油炒過的生麵條和蔬菜則壓得紮實煎過。

☎082-286-2382 住広島市南区松原町2-37 ひろしま駅ビルASSE2階 ⏰11～22時 休不定休(準同廣島大樓ASSE) 交JR廣島站步行即到 P85輛 MAP P112B2

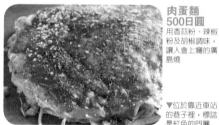

肉蛋麵
500日圓
用香蒜粉、辣椒粉及胡椒調味，讓人會上癮的廣島燒

▼位於靠近車站的巷子裡，標誌是紅色的門簾

`廣島站周邊`
だいふく
大福

位於車站巷子裡的傳統名店

肉蛋麵只要500日圓，合理的價格令在地人也喜愛的店。資歷超過30年的老闆，煎的時候會將麵糊、麵條及高麗菜壓實。以傳統煎法製成的廣島燒，味道樸實但是吃了還想再吃。

☎082-264-4793 住広島市南区大須賀町12-7 ⏰11～14時、17時30分～23時 休週日・假日 交JR廣島站步行5分 P無 MAP P113D1

原味廣島燒
790日圓
加入2片綠紫蘇葉，風味特別，和偏甜的醬汁也很搭配

▼也可以點附設的壽司店裡的壽司和料理

`廣島站內` `廣島大樓ASSE 2F`
お このみやき おおい
お好み焼き おお井

可以一次吃到廣島的美食

鐵板吧檯和壽司吧檯相接，不論點哪一料理都OK。享用廣島燒的同時，也能吃到烤牡蠣等海鮮類，最適合想簡單品嘗廣島名產的人。廣島燒的麵條也有麻辣麵可以選擇。

☎082-263-3390 住広島市南区松原町2-37 ひろしま駅ビルASSE2階 ⏰11～22時 休不定休(準同廣島大樓ASSE) 交JR廣島站步行即到 P85輛 MAP P112B2

繼承了廣島燒村
創始者味道與
人情的店家

廣島燒村創始者—古田正三郎將廣島燒比喻為「重人情燒」，「本家村長的店」則繼承了其味道和傳統。麵條、烏賊、蝦子、豬肉等，加了全部配料的廣島燒1330日圓。
☎082-546-1828 **MAP** P115D2

廣島燒
含Q彈麵條
（烏龍麵）
1188日圓
加了內臟、大蒜、肉及蛋等配料的特製廣島燒

▼在廣島和山口縣共有9家分店

廣島站周邊 ｜ 福屋廣島站前店11F
うまいもんやごえもん
ふくやひろしまえきまえてん

うまいもん屋五エ門 福屋廣島站前店

提供經典廣島燒到創意料理

視廣島燒外酥內軟的口感，很受歡迎的店家。供應從經典廣島燒到創意料理鐵板燒，料理種類很豐富。

☎082-568-3755 **住**廣島市南區松原町9-1福屋廣島駅前店11階 **營**11～22時（21時20分LO）**休**不定期（同福屋廣島站前店）**交**JR廣島站步行3分 **P**請使用福屋廣島站前店
MAP P112A2

牡蠣麵條
1350日圓
為了不讓蔬菜的甜味和牡蠣的鮮味流失，緊緊的壓成一片

▼除了圍繞鐵板的座位，也有一般的桌椅座位

廣島站內 ｜ 廣島大樓ASSE 2F
いっちゃん

いっちゃん

簡單而不膩的逸品

揭載於米其林指南上的廣島市東區名店分店。隨季節改變高麗菜的產地，並依當日食材狀況改變高麗菜的切法等等，對食材很講究，不靠調味料而充分引出食材本來的味道。

☎082-261-0680 **住**廣島市南區松原町2-37ひろしま駅ビルASSE2階 **營**11時～21時30分（21時15分LO）**休**不定期（同廣島大樓ASSE）**交**JR廣島站步行即到 **P**85輛
MAP P112B2

猶豫的話
就到廣島燒主題園區

廣島市區內，有3個像是主題樂園一樣的大樓，聚集了多家廣島燒店家，推薦給想多方品嘗比較的人。

廣島站周邊
ひろしまおこのみものがたり えきまえひろば

ひろしまお好み物語 駅前ひろば
共14店

離JR廣島站很近廣島燒街

距離車站步行3分的絕佳地點。大樓內重現了昭和40年代的攤販街，充滿復古的氛圍，集結了14家店鋪。其中有許多市內名店的分店。

☎082-568-7890 **住**廣島市南區松原町10-1 廣島フルフォーカスビル6階 **營休**因店而異 **交**JR廣島站步行3分 **P**無 **MAP** P112A2

新天地
おこのみむら

お好み村
共26店

廣島燒主題園區的始祖

源自戰後新天地公園的攤販群，大樓的2F到4F集結了很多廣島燒店家，新店和老店都竭盡全力作出最美味的廣島燒，互相競爭人氣。

☎082-241-2210(事務局) **住**廣島市中區新天地5-13 新天地プラザ2～4階 **營休**因店而異 **交**廣島電鐵八丁堀電車站步行6分 **P**無 **MAP** P115D2

新天地
おこのみきょうわこく ひろしまむら

お好み共和国 ひろしま村
全8店

整棟都是廣島燒店家

由15年以上經驗的師傅所經營的「進」等等，二層樓的建築集結了8間店，自己動手做的體驗活動（需付費，需預約）也很受歡迎。

☎082-243-1661(事務局) **住**廣島市中區新天地5-23 **營休**因店而異 **交**廣島電鐵八丁堀電車站步行6分 **P**68輛
MAP P115D2

📖 有的廣島市區的飯店（→P108），也有附お好み村餐券的方案。

難得來到廣島，在牡蠣名店盡情享用牡蠣

廣島的牡蠣占日本國內生產量的一半以上，是不可或缺的當地美食。
雖然一般11~3月是盛產季，但是最近夏天也能品嘗到美味的牡蠣。

▲烤牡蠣800日圓
將精挑細選的大牡蠣，帶殼燒烤的人氣料理。簡單的料理方法，也能直接品嘗到食材的原味。

橋本町

おいすたー こんくらーべ かきてい

Oyster Conclave牡蠣亭

盡情品嘗「健牡蠣」

位於京橋川開放式咖啡廳通（☞P88）上的牡蠣專賣店。開放式的露台座位很受歡迎。在令人放鬆的氛圍中，可以品嘗到各式各樣的絕佳牡蠣料理，很受好評。由距離宮島很近的地御前地域牡蠣生產者所開設的直營店，使用知名的高級牡蠣品牌「健牡蠣」，特色是就算加熱，牡蠣也不會乾縮，維持圓鼓的形狀，一入口就在口中融化，散發甜味。

☎082-221-8990　住広島市中区橋本町11　時11時30分～14時30分、17～22時　休週二、不定休　交廣島電鐵鐵山町電車站步行3分　P無　MAP P113D2

▲木屋風的店內充滿牡蠣香氣

再吃一道

▶連湯都可以喝乾淨的酒蒸帶殼牡蠣 1200日圓

▶炸牡蠣1200日圓
雖然是人人熟悉的家庭料理，但因為使用高級的「健牡蠣」，鮮味完全不同！

▲焗烤牡蠣800日圓。
關鍵在於奶油醬汁的烤箱料理

▼河川沿岸的露台座位很舒服

還有這些料理
・焦香烤牡蠣　　　1200日圓
・炙烤牡蠣佐柚子醋凍　800日圓
・牡蠣和當季蔬菜鹹派　800日圓

廣島站周邊

かきでん

かき傳

不使用泡水膨脹的牡蠣

對牡蠣的挑選和來源很講究的店，使用養殖業者直送的能美島產「廣島牡蠣」。因為牡蠣在運送過程沒有吸收到水分，放入鍋中甚至還會膨脹，味道也很濃郁。

☎082-264-5968　住広島市東区光町2-8-24 ダイケンビル1階　時11～14時、17～22時　休週一、週日中午　交JR廣島站步行5分　P3輛　MAP P113E1

再吃一道

▶除了牡蠣，也有豐富的海鮮料理。星鰻飯900日圓（照片前方）

▶香料蒸牡蠣小町650日圓。最後淋上熱之熟油，讓牡蠣更香

◀店內有著民藝館的感覺，能悠閒的用餐

還有這些料理
炸牡蠣定食（盛產季限定）
820日圓（只供應午餐）
自製碎豆腐　530日圓

冬季～初春舉行的「廣島牡蠣之路」

為了提升廣島縣產的牡蠣品牌價值，由協議會所屬業者搭建的「牡蠣小屋」內，共有8間店家營業。在店家可以用平實的價格享用到帶殼烤牡蠣、炭烤海鮮等等料理。
☎082-247-5788 (廣島牡蠣之路協議會事務局)

▼牡蠣拼盤3132日圓～，可以品嘗比較各式各樣的牡蠣（附飲料）

再吃一道

▲西洋風跟和風融合的鹽漬生牡蠣奶油義大利麵1080日圓

廣島站內
かきめいあん
かき名庵

品嘗比較各式各樣的牡蠣

創業至今超過150年的傳統牡蠣料理老店「かなわ」所監製的牡蠣吧。一整年都供應各種和葡萄酒或香檳很搭配的牡蠣創意料理。

☎082-263-7317 住廣島市南區松原町2-37 ひろしま駅ビルASSE6階 ⏰11～22時 休不定期(準同廣島大樓ASSE) 交JR廣島站直達 P廣島ASSE停車場87輛 MAP P112B2

▲很受女性歡迎的時尚店面

還有這些料理
辣美乃滋焦香烤牡蠣 1080日圓
滿滿牛奶燉飯 1080日圓
新鮮起司沙拉 918日圓

銀山町
やなぎばしこだに
柳橋こだに

盛產時才能品嘗到的牡蠣料理

從昭和22年(1947)在京橋川上的柳橋旁營業至今，專賣牡蠣、鰻魚、鱉的專賣店。10月中旬到4月限定供應牡蠣料理。

☎082-246-7201 住廣島市中區銀山町1-1 ⏰11時30分～14時、17時～21時30分(20時30分LO) 休週日、假日 交廣島電鐵銀山電車站步行3分 P附近有收費停車場 MAP P115F1

再吃一道

▲2樓可以悠閒的用餐

▶炸牡蠣1250日圓，午餐也有供應定食

▲奶油烤牡蠣 1110日圓

還有這些料理
牡蠣套餐 4200日圓～
（只在晚上供應）
昆布烤牡蠣 1380日圓
鰻魚煎蛋捲 1380日圓

※牡蠣料理在10月中～4月限定供應

▲煙燻牡蠣薄荷沙拉600日圓

八丁堀
ひろしま おいすたーばー まぶいなみきてん
Hiroshima Oysterbar MABUI並木店

時尚雅緻的牡蠣吧

在廣島市內就可以品嘗到日本全國各地的生牡蠣，是很珍貴的一間店。除了經典的3種生牡蠣拼盤1380日圓～以外，還有豐富西洋風牡蠣料理供單點。

☎082-249-3155 住廣島市中區三川町3-12 並木カールビル1階 ⏰16時～翌日1時 休無休 交廣島電鐵八丁堀電車站步行4分 P無 MAP P115D2

▲店內散發著隨興而時尚的氛圍

還有這些料理
嫩煎香蒜牡蠣 920日圓
白酒蒸牡蠣 840日圓
香蒜橄欖油煮牡蠣和蘑菇 980日圓

📖 說到使用牡蠣的廣島鄉土料理，就會想到土手鍋。鍋子內側像是堤防一樣塗上味噌，邊溶解味噌邊享用牡蠣和蔬菜。

可以享用到大量
瀨戶內海新鮮海鮮的店

廣島面對瀨戶內海，除了牡蠣以外，海鮮料理也很豐富。
一起享用當地產的酒和當季海鮮，度過幸福的片刻時光。

女性單獨一人也能輕鬆前往的人氣店家

生蝦蛄、長辛螺等5～6種生魚片拼盤2000日圓（照片前方）、招牌的廣起卷2000日圓（照片最後方）等等

純米酒 廣起
1瓶1000日圓

原創酒，冷酒和熱酒皆有提供

輕輕一碰就散開的燉煮石狗公1500日圓～

せとうちりょうり ひろき

瀨戶內料理 廣起

不只當地人，廣島縣以外和海外粉絲也很多。店內有明亮乾淨的魚缸和玻璃櫥窗，能享受到瀨戶內海絕佳美味海鮮的料理。招牌的海膽菠菜1500日圓～也是絕妙的美味。

☎082-245-1441 住広島市中区堀川町3-3 津田文ビル1階 ⏰17時～翌2時 休不定休 交廣島電鐵胡町電車站步行3分 P無 MAP P115D1

1 吧檯座位可以享受到和老闆聊天的樂趣
2 玻璃櫥窗內陳列著很多新鮮海鮮

いしまつさんだいめ

石まつ三代目

常態性供應60種當地產的酒類，和酒一起盡情享受當季色彩豐富日式料理！海鮮從廣島當地市場直接進貨，因此不管什麼時候來到店裡，都有鮮度滿分的美味恭候光臨。

☎082-241-9041 住広島市中区流川町3-14 ⏰17時30分～22時30分LO 休週日、假日(逢連休則營業) 交廣島電鐵胡町電車站步行5分 P無 MAP P115D2

大條野生鯛魚的存在感令人震懾，鯛魚細麵時價（照片前方），可說是招牌料理，是必吃的美味！

最推薦的辣口餐中酒 天寶1杯550日圓

出類拔萃的新鮮度！廣島的當季美味就在這裡

1 師傅細心的工作態度，每天都吸引了很多客人。也有包廂 2 卜酒菜7個道具1000円圓

好想吃！
瀬戸内海的
當季鮮魚

小沙丁魚
盛產期●7～9月
全名為片口沙丁魚。可做成生魚片或炭火烤魚

星鰻
盛產期●全年1～2月的星鰻肥美，6～8月的星鰻味道則很清爽

石狗公
盛產期●4～6月味道優雅，最適合紅燒和油炸

白帶魚
盛產期●秋季魚身長，味道清淡。可以做成生魚片或是鹽烤

日本馬加鰆
盛產期●3～5月盛產期在春季。新鮮的日本馬加鰆可做成生魚片

鯛魚
盛產期●4～6月盛產期在春天。初春到夏天就可以捕撈到

賀茂泉
1.5合1300日圓等

酒類每月更換，有15種以上可供選擇

清盛純米吟釀（左）
300㎖1300日圓等

也有白天龍 純米吟釀
300㎖1300日圓（右）等

瑞冠好風雄町米純米吟釀·花一杯648日圓

山岡酒造的名酒，有較強的清涼感

廣島市區美食●可以享用到瀬戸内海新鮮海鮮的店

使用當地的豐富料理和當地產的酒，令人心滿意足

小沙丁魚等生魚片860日圓（照片前方）、昆布烤廣島產生牡蠣1620日圓～（照片左後方）、海膽飯1940～2700日圓（照片右後方）

堀川町
しょうふく
笑福

料理使用當地、當季海鮮和蔬菜。每日更換菜色的料理和套餐等，料理種類豐富，固定供應100種左右的料理。也可以品嘗到當地產的酒、燒酒、葡萄酒等多種酒類。

☎082-247-8270 住廣島市中區堀川町4-8 ⏰17～24時（23時30分LO）休週日（翌日逢假日則營業）交廣島電鐵八丁堀電車站步行3分 P無 MAP P115D1

有10個吧檯座位，後方也有和式座位

用土鍋煮至入味的米飯也是絕佳的美味

煮石狗公900日圓～（照片前方）、土鍋章魚炊飯1合1200日圓～（照片左後方）、生章魚片980日圓（照片右後方）

幟町
さかぐらぎょこうじん くだこ
酒蔵魚好人 クダコ

由從事這一行超過40年以上的廚師掌廚，調理出食材原有的美味。供應生魚片、燉煮料理、炭烤料理等。店內約有35種燒酒，當地產的酒也有約350種。

☎082-223-3180 住廣島市中區幟町9-5 山県ビル1階 ⏰17～24時（23時LO）休一個月不定期1次 交廣島電鐵銀山町電車站步行3分 P無 MAP P113D2

店內後方也設有齊全的包廂和和式座位

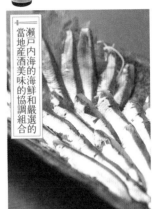

瀬戸内海的海鮮和嚴選的當地產酒美味的協調組合的

小沙丁魚生魚片842日圓，光看魚身顏色光澤就可以感覺到其新鮮度。吃了更可以實際感受到濃郁的鮮味

八丁堀
ざっそうあんあき
雜草庵 安芸

徹底精挑細選的食材，堅持只供應老闆認可的鮮度超群海鮮料理。店裡有精通廣島酒類的工作人員，這點也很吸引人。

☎082-249-2293 住廣島市中區新天地1-28 オペラハウス1階 ⏰11時30分～14時、18時～22時30分LO 休週日（週一為假日則營業，次週一休）交廣島電鐵八丁堀電車站步行3分 P無 MAP P115D1

多數為常客，前往時記得先預約

📖 「小沙丁魚生魚片」是廣島代表性的魚類料理之一。廣島的作風是加生薑醬油吃。

當作午餐或酒後結束一天的一碗麵食
滑順簡單的廣島獨創麵食

「沾麵」和「乾擔擔麵」是只在廣島市區才吃得到的個性派麵食。
午餐或是酒後，輕鬆享受一下廣島之味！

沾麵是什麼？
麻辣醬汁
是一大亮點！
滑順的麵和大量的蔬菜，
加上麻辣沾醬一起品嘗，
幾乎所有的店都能
選擇辣度。

從親子到學生，
沾麵廣受喜愛

辣而美味！
的秘傳醬汁和
有彈性的麵
令人著迷！

十日市町
つけめんほんぽ からぶ
つけ麺本舗 辛部

黑×白的高湯是美味的基礎！

使用以醬油為底的「黑高湯」和以柴魚片
為底的「白高湯」。特別訂製的Q彈雞蛋
麵，和秘傳的沾醬，組合成絕妙的搭配。

☎082-294-2225 住広島市中区十日市町1-4-29
🕐11時30分～15時、18～24時 休不定период 交広島電
鐵本川町電車站步行3分 P無 MAP P112A3

沾麵(普通量)
750日圓
辣度為0～30倍，
也有柴魚片和海苔
絲等和風配料

沾麵(正常量)1080日圓
第一次吃，沾醬選擇普通(辣
度3)，照片上是中辣(辣度6)

胡町
つけめんみんみんかけるうどんのかず
つけ麺
みんみん×うどんの和

檸檬的酸味讓人一口接一口！

順度很好的滑順麵條，和加了辣椒的沾
麵醬汁十分搭配。以雞骨高湯為底的醬
油醬汁，加入了檸檬汁，因此辣味中也
帶著清爽的感覺。

☎082-541-7667 住広島市中区胡町3-4 🕐11
-~14時、10時～翌日4時 休不定休 交廣島電鐵
銀山町電車站步行2分 P無 MAP P115E1

發揮檸檬的
酸味，相當
清爽

沾麵和烏龍麵合作的店家

叉燒沾麵 790日圓
富有彈性的麵條加上與海鮮湯底
和數種辣椒混合製成的辣沾醬

點半熟蛋
並和醬汁
拌在一起是
一般的吃法

新天地
からからてい しんてんちてん
唐々亭 新天地店

**花16年才完成的
自豪醬汁**

以柴魚片高湯為底，加入4
種辣椒混合而成的醬汁，特
色是後韻1分清爽。帶有彈
性的麵條不會隨著時間變
軟，吃飯較慢的女性也不用
擔心口感變差。

☎082-241-4333 住広島市中
区新天地1-15 NIビル1階 🕐11時
30分～翌日3時30分 休不定休
交廣島電鐵八丁堀電車站步行4分 就在街道中心，很好找。
P無 MAP P115D2

説到廣島拉麵就會想到這裡！

昭和33年創業的「陽気」。依照當時的食譜所作的中華麵600日圓，湯底以豬骨高當為底，加入蔬菜和雞骨高湯，味道樸實而濃郁。

☎082-231-5625 **MAP** P110C3

乾擔擔麵 是什麼？
四川風的刺激性
辣味很有吸引力
將麵、肉味噌和醬汁攪拌均勻。山椒的香氣和四川風的鮮味令人著迷！

中國產的山椒香氣令人難以抵抗

乾擔擔麵 580日圓
雖然辣味比較溫和，不過山椒的麻度很足夠

大手町
しるなしたんたんめんせんもん きんぐけん
汁なし担担麺専門　キング軒
享用極辣、感受山椒香氣的一碗麵
每天早上只研磨當日所需分量的山椒，其香氣令人驚訝，像是柑橘類一樣的香氣和醬油的辣味重疊，產生獨特的味覺。

☎082-249-3646 住広島市中区大手町3-3-14武本ビル1階 ⏰11～15時、17～20時(週六、假日11～15時) 休週日 交廣島電鐵中電前電車站步行2分 P1輛 **MAP** P114B4

位在距平和記念公園相當近的位置

從西洋料理得到靈感的番茄肉醬擔擔麵

乾擔擔麵 580日圓
甜味、鮮味和酸味的絕妙平衡，使用風味豐富的中國產山椒

有個性的原創醬汁就是美味的關鍵

乾擔擔麵 580日圓
中細麵充分吸附醬汁，產生整體感

本通
めんやすずらんてい
麺やすずらん亭
完美融合西洋&中華味道
主廚也擔任料理教室講師和當地企業的商品研發工作，擔麵是主廚為了追求吃飯的簡便而研發出的料理，以豆瓣醬為底和番茄肉醬風的肉味噌等，呈現絕妙的搭配。

☎082-545-6904 住広島市中区本通3-1 2階 ⏰11時30分～15時、18～22時(售完打烊) 休不定期 交廣島電鐵立町電車站步行2分 P無 **MAP** P114C1

1樓有キッチンヴァーリー(Kitchen Valley)

八丁堀
ちゅうかそば くにまつ
中華そば　くにまつ
非常講究的自製醬汁
除了自製辣油和芝麻醬以外，也非常講究他調味料，因此調製出的沾麵醬汁非常美味。和帶有彈性而滑順的自製麵條非常搭配。

☎082-222-5022 住広島市中区八丁堀8-10 清水ビル1階 ⏰11～15時、17～21時(週六只營業11～15時) 休週日、假日 交廣島電鐵立町電車站步行3分 P無 **MAP** P112C2

「廣島拉麵」是以醬油為底，味道令人懷念的拉麵。在戰後復興期，是民間的日常料理。

以廣島人的心情
享用廣島人喜愛的美食

當地無人不知的3間知名店家，便宜又美味。
和廣島當地人肩並肩，享用樸實的廣島滋味！

餐後牡丹餅！

牡丹餅100日圓和黃豆粉餅95日圓。吃完烏龍麵後吃牡丹餅才是廣島人的作風！

最受歡迎的是這個

咖哩烏龍麵 600日圓
特製的香辛料和高湯調製而成的湯頭，帶有層次的辣味讓人一吃就上癮

鉄砲町
ちからほんてん
ちから本店

享用烏龍麵後也享用和菓子

廣島人很熟悉的烏龍麵與和　子連鎖店，在市區和近郊有31家分店。有天婦羅蛋烏龍麵600日圓、肉片烏龍麵600日圓等豐富而便宜的料理。飯後的牡丹餅也是必吃的小點心。

☎082-221-7118
住廣島市中區鉄砲町9-5 🕐10～21時
休不定期 🚋廣島電鐵胡町電車站步行1分 P無
MAP P113D2

店內很明亮，只有吧檯座位

配菜滿滿的便當

安藝飯糰便當(照片前方)
1000日圓、嫩雞飯糰
便當(照片後方)**820日圓**
很受歡迎的飯糰便當有各式口味，買回去當作火車便當也很棒

本通
むすびのむさし ほんどおりてん
むすびのむさし
本通店

廣島人的靈魂食物

在廣島無人不知的外帶、外送便當店。在本通店，除了分量十足的外帶便當，也可以吃到飯糰、烏龍麵和定食等餐點。

☎082-247-6341 住廣島市中區本通4-15 🕐11～19時(週日、假日另外帶10時～)
休週二 🚋廣島電鐵本通電車站行3分 P無
MAP P114C1

像是氏塾舘一樣的店，有著寧靜的氛圍

特製的"ますの醬汁"就是美味關鍵

特製午餐
880日圓
一次品嘗到炸豬排和漢堡排等，令人心滿意足的料理

八丁堀
にくのますい
肉のますみ

便宜而且分量滿點

以炸豬排為主，供應價格合理的豐富洋食，其中，超便宜的炸豬排（附白飯）350日圓，更是緊緊得抓住廣島人的心。因為是肉舖所經營的餐廳，當然也有品質保證。

☎082-227-2983 住廣島市中區八丁堀14-13 🕐11時～20時45分 休週三、每月第2週二 🚋廣島電鐵八丁堀電車站步行3分 P無
MAP P115D1

充滿傳統氛圍的店家

景點觀光、街頭散步與購物…
在廣島市區的樂趣無窮無盡

仔細參觀完代表廣島的平和記念公園，
以及縮景園、廣島城等觀光景點之後，
可以品嘗美食、購物、享受夜生活等等，
徹底的玩遍廣島市區！

廣島市區是什麼樣的地方？

廣島市區是中國四國地方最大的大都市，可以享受觀光、品嘗美食和購物的樂趣。

觀光以平和記念公園為中心

要前往平和記念公園，可以從廣島站搭乘路面電車（廣島電鐵）到原爆圓頂館前電車站17分，紙屋町和八丁堀等市區中心區域也都在步行範圍內，交通十分方便。廣島城和縮景園等觀光景點也都在附近，如果時間充足請務必造訪。

方便的觀光服務處

在市區散步之前，推薦先在觀光服務中心收集資訊再出發。觀光服務處設置在廣島站南口1樓中央廣場和新幹線口2樓中央廣場、平和記念公園的Rest House（☞P69）1樓，地理位置非常方便。

洽詢 廣島市觀光服務處 ☎082-247-6738

ひろしまえきしゅうへん
廣島站周邊 ①
··· P98

有JR廣島站和廣島電鐵廣島站，販售豐富美食和伴手禮的車站大樓，相當方便。

▶從JR廣島站步行即到廣島電鐵廣島站

廣島市區交通資訊MAP

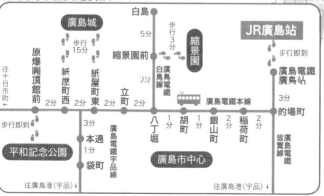

移動時不可或缺的 路面電車

路面電車在市區主要區域搭乘1次一律為160日圓，若會搭乘4次以上則購買一日乘車券600日圓會更方便。

詳情請參閱P137

▲鱗次櫛比的
百貨公司和高樓

ひろしまたうんちゅうしんぶ
（かみやちょう・はっちょうぼりしゅうへん）

廣島市中心

（紙屋町・八丁堀周邊）

・・・P76

廣島縣最熱鬧的市區。除
了可以品嘗美食和購物，
還分布著廣島城、縮景園
等觀光景點。

▼令人忘記都市
喧囂的縮景園

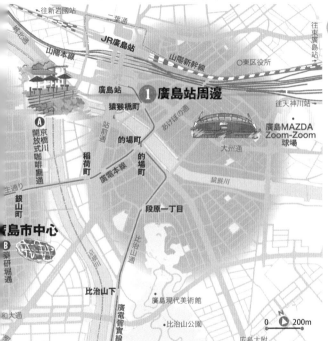

想到這裡
散步！

市區中心區域的
個性派街道

きょうばしがわおーぷんかふぇどおり
▲ 京橋川開放式咖啡廳通
…P88

有多間開放式咖啡廳
的「京橋R-Win」等，
分布著充滿開放氛圍
的咖啡廳和餐廳。

やげんぼりどおり・ながれかわどおり
▲ 藥研堀通・流川通
▲

廣島縣最大的鬧區，
有居酒屋和酒吧等營
業至深夜的店家，最
適合夜晚遊玩。

なみきどおり
▲ 並木通
… P86

有多間走在時尚潮流
尖端的咖啡廳和選貨
店，也很受當地人歡
迎。

じぞうどおり
▲ 地藏通
… P86

有著庶民氛圍的街
道，傳統的老店、時
尚店家及餐廳並立。

ほんどおりしょうてんがい
▲ 本通商店街
… P80

總是聚集了很多人的
商店街，也有很多可
以買到廣島風情伴手
禮的商店。

▶也有最適合小
憩一下的咖啡廳

へいわきねんこうえん
平和記念公園

・・・P66

廣島具有代表性的觀光景點。可以
了解到原爆、戰爭的悲慘及和平的
可貴。

▲有眾多來自日本國內外的遊客

重點看過來!
搭乘水上遊覽船體驗
水都‧廣島
在元安棧橋可以搭乘各種
類型的遊覽船。(☞P74)

重點看過來!
仔細參觀廣島和平紀
念館
展示了原爆相關資料。了
解原爆的恐怖和和平的可
貴。(☞P70)

重點看過來!
邊祈求世界和平邊在
公園散步
以原爆圓頂館為中心,
參觀分布在附近的慰靈
碑和紀念碑!(☞P68)

平和記念公園
在這裡!

廣島城內
原爆圓頂館
原 爆
圓頂館前 廣島站
八丁堀

平和
記念公園

也有適合小憩
一下的咖啡廳
(☞P72)

a c c e s s

傳達和平的休閒公園

平和記念公園
へいわきねんこうえん

是這樣的地方

廣島身為國際和平文化都市,平和記念公園
是一個象徵性的存在。園內有世界文化遺產
原爆圓頂館、廣島平和記念資料館等設施,
園內也分布著傳達原爆慘狀的設施、慰靈碑
及紀念碑等。平和記念公園位於河川沿岸,
綠意盎然,也是市民熟悉的休閒場所。

●從廣島站電車站前往
搭乘廣島電鐵2、6號線等19分,在原爆
圓頂館前的電車站下車即到
●從宮島前往
‧宮島棧橋搭乘廣島世界遺產航路45
分,在元安橋下船,步行即到
‧廣電宮島口電車站搭乘廣島電鐵宮島線
49分,在原爆圓頂館前電車站下車即到
‧宮島口搭乘JR山陽本線23分,在橫
川站下車,在步行即到的橫川電車站搭
乘廣島電鐵7號線11分,在原爆圓頂館
電車站下車即到

洽詢 ☎082-247-6738
廣島市觀光服務處
區域圖 P111

～平和記念公園 快速導覽MAP～

觀光的提要

利用「廣島P2 Walker」獲得公園周邊的資訊

使用智慧型手機或一般手機等行動裝置，就可以獲得和平和觀光資訊的服務。

URL http://p2walker.jp/

在Rest House休息&購物

除了觀光服務處和免費休息區，也有販售伴手禮。（☞P69）

並排著10座高9m的和平之門

以18種文字和49種語言，將「和平」刻在表面。

和平時鐘塔 **原爆圓頂館** **1**（☞P68）
・和平之鐘

原爆之子像 **2**（☞P68）

平和記念公園

原爆死者慰靈碑 **3**（☞P68）

廣島平和記念資料館 **4**（☞P70）

公園入口的元安橋
1992年重新建築，重現了竣工當時的現代風格設計。

5 Caffe Ponte （☞P72）

廣島水上遊覽船 **6**（乘船場）（☞P74）

世界級雕刻家所設計的和平大橋

和西側的西平和大橋一樣，皆為野口勇所設計。

推薦路線

4小時

以原爆圓頂館和廣島平和記念資料館為中心，也參觀園內的慰靈碑和紀念碑。結束後在河川沿岸、充滿開放感的咖啡廳小憩片刻，也輕鬆享受一下搭乘水上遊覽船的樂趣。

起點	1	2	3	4	5	6	終點
	參觀	參觀	參觀	參觀	咖啡廳	玩	
原爆圓頂館前電車站	▶ 原爆圓頂館	▶ 步行即到 原爆之子像	▶ 步行3分 原爆死者慰靈碑	▶ 步行2分 廣島平和記念資料館	▶ 步行即到 Caffe Ponte	▶ 步行5分 廣島水上遊覽	▶ 步行即到 原爆圓頂館前電車站 步行3分

所需時間約4小時
前往平和記念公園的交通
資訊、洽詢方法請看P66
MAP P114A・B1〜3

懷著世界和平的願望
漫步平和記念公園

被河川和綠意包圍的美麗公園，也是市民熟悉的休閒場所。
邊漫步邊學習原爆、戰爭的悲慘以及和平的可貴。

「不要再有第二個廣島」的象徵

為了孩子們而建造的慰靈碑

2 原爆之子像
げんばくのこのぞう

紀念因原爆而罹患白血病的佐佐木禎子小姐，她一邊摺紙鶴一邊與疾病博鬥，最後仍不敵病魔。原爆之子像紀念碑，是為了撫慰因原爆犧牲的孩子所建造的。

1 碑上有著拿高紙鶴的少女雕像
2 周圍有世界各地所獻上的紙鶴

世界遺產

參閱P75

1 原爆圓頂館
げんばくどーむ

距離原爆中心很近的建築物，卻奇蹟似的沒有全部崩毀，幾乎保留著當時的樣貌，至今仍然訴說著原爆的威力和悲慘。原爆圓頂館也登錄為世界遺產，持續呼籲廢除核武，並希望世界永遠和平。

1 經過幾次修復，在1996年登錄為世界遺產 2 過往的正面入口還保留著瓦礫堆

4 和平之燈
へいわのともしび

廢除核武與祈求世界和平的象徵。（1964）8月1日點燃的燈火，為了表達反對核武的訴求，將會持續燃燒至核武從地球上消失的那一天。

祈求廢除核武的燈

彷彿手掌朝向天空的石台

刻著原爆死者名字的紀念碑

3 和平之鐘
へいわのかね

設置的目的在於希望世界能夠沒有核武、和平共處。遊客可以自由敲擊。鐘的表面刻有沒有國境的世界地圖浮雕，象徵「世界一體」。

祈求世界和平然後敲響鐘聲！

敲擊的地方有著原子力的符號，包含希望禁止核子彈的願望

1 為了保護死者靈魂不被風雨吹打，作成遮輪房屋的形狀 2 刻著「請安息 我們不會再重蹈覆轍了」的字句

5 原爆死沒者慰靈碑
げんばくしぼっしゃいれいひ

希望因原爆而毀壞的廣島市，能重建為和平都市而設立。中央石室內有超過29萬人的原爆死者名冊。

2

元安川沿岸舖設了步道，也設有長椅

在Rest House 也可以買 伴手禮

原本是和服店，後來遭受到原爆破壞，地下室還保留著原爆當時的樣子。現在建築物作為觀光服務處和商店使用，也有免費的休息空間。
☎082-247-6738（廣島市觀光服務處，Rest House內）MAP P114A2

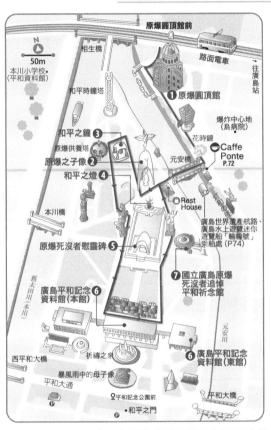

```
50m
本川小学校●
（平和資料館）

原爆圓頂館前
路面電車
往廣島站
相生橋
和平時鐘塔
爆炸中心地
（島病院）
花時鐘
元安橋
❶原爆圓頂館
和平之鐘 ❸
原爆供養塔
原爆之子像 ❷
和平之燈 ❹
Caffe
Ponte
P.72
Rest
House
本川橋
廣島世界遺產航路、
廣島水上遊覽迷你
遊覽船「輪輪號」
乘船處（P74）
原爆死沒者慰靈碑 ❺
❼國立廣島原爆
死沒者追悼
平和祈念館
舊太田川（本川）
廣島平和記念
資料館（本館）
元安川
西平和大橋
祈禱之泉
暴風雨中的母子像
平和大通
和平之門
❻廣島平和記念
資料館（東館）
平和大橋
平和記念公園前
P
P
```

詳情請看P70

6 廣島平和記念資料館
ひろしまへいわきねんしりょうかん

由本館和東館2座建築構成，除了展示原爆的資料外，也用影像和模型深入淺出解說原子彈投下的經過和關於核子使用的現狀等等。

展示關於原爆的貴重資料

本館是戰後的建築物體，第一個被定為國家重要文化財的建築

7 國立廣島原爆死沒者追悼平和祈念館
こくりつひろしまげんばくしぼつしゃ
ついとうへいわきねんかん

除了追悼原爆死者、祈求永遠和平以外，也為了將原爆體驗傳承給後代而設立。可以自由閱覽原爆死者的名字、遺照及原爆體驗記等資料。

為了讓人們深理解原爆災害的設施

☎082-543-6271 ¥免費 ⏰8時30分～18時(8月至～19時、8月5日、6日至～20時、12～2月至～17時) 休12月29日～1月1日 MAP P114A2

表示投下原子彈的時刻「8點15分」

······ 8月6日在平和記念公園舉行的和平紀念儀式、活動 ······

和平紀念儀式
へいわきねんしきてん

撫慰原爆死者靈魂和祈求世界永遠和平的儀式，在投下原子彈的8時15分獻上1分鐘的默禱後，由廣島市長發表和平宣言、小朋友代表發表和平宣誓等等。
☎082-504-2103（廣島市市民局市民活動推進課）MAP P114A2

放和平訊息水燈
ぴーすめっせーじとうろうながし

祈求原爆死者獲得安息，同時也為了祈求世界和平，將願望寫在燈籠上，放流至河川的活動。最近國外的參加者也很多。
☎082-245-1448
（放水燈實行委員會）
MAP P114A2

好好的記在心裡 廣島平和記念資料館

展示和介紹關於廣島和原爆的各種資料。
能了解到原爆的恐怖，充滿祈禱世界和平願望的設施。

※本館因改裝工程，閉館至2018年7月左右。改裝後展示內容將大幅變更。※東館的展示也有可能會變更。

廣島平和記念資料館
ひろしまへいわきねんしりょうかん

參觀時間 約2小時

貴重的資料訴說著原爆的真實情況

由東館和本館組成，東館介紹原爆前的廣島歷史、投下原子彈的經過及走向和平的過程等；本館展示原爆死者的遺物和受到原報的資料。能了解到原爆的恐怖和悲慘，讓人思考今後的和平。

☎082-241-4004 🏠広島市中区中島町1-2 💴200日圓 🕐8時30分～18時 (8月至～19時、8月5日、6日至20時、12～2月至～17時、入館只到閉館前30分) 🈲12月30・31日 🚃廣島電鐵原爆圓頂館前電車站步行8分 P無 MAP P114A3
※本館因改裝工程，預定閉館至2018年7月左右

東館3樓

1 人們失去的日常生活

原子彈在廣島上空600公尺處爆炸，這裡用照片和模型重現了被破壞的廣島市街。也可以和被原子彈破壞之前的樣子比較。

東館3樓

2 原爆被害者的證言

用影片向現代人訴說當時的慘劇。仔細傾聽寶貴的證言，再次感受到和平的重要。

東館3樓

3 原子彈的威脅 原爆圓頂館模型

由於熱輻射線溫度高達攝氏7700度，導致原爆圓頂館只剩下骨架。也一併展示了原子彈投下前的美麗模樣。

東館3樓

4 變形的玻璃瓶

和原爆圓頂館相同，因強烈的熱輻射線而融化變型的玻璃瓶實品。可以直接觸摸，親身感受原爆的恐怖。

東館2樓

5 廣島的歷史

公開了戰爭時期的廣島、從原爆災害中復興的歷程、廣島市和市民促進和平的努力。樓層中央也設置了大型資訊搜尋裝置（媒體桌）。

想要更深入了解的話
就跟著導覽員
一起參觀！

平和記念公園 ● 廣島平和記念資料館

東館1階

6

曇狀雲的照片

原子彈投下後，美軍從瀨戶內海上空拍攝到的曇狀雲，這片原子雲降下了含有輻射的黑雨。（美軍攝影）

東館1樓

8

遺物訴説著歷史

展示原爆受害者當時身上所穿戴的物品和日用品等貴重遺物，也展示在距離原爆中心1500m處，遭受到災害的三輪車。

寄贈：鎮谷信男

東館1樓

融化的玻璃小瓶子

9

從墨水工廠遺跡挖掘出的小瓶子，小瓶子因火災的熱度而黏在一起，變成一團。（捐贈：藤塚實）

東館1樓

原爆受害者們

7

從照片上可以看見原子彈投下後的街道，和原爆受害者們徬徨求助的樣子，讓人深切感受到原爆發生後可怕、悲慘的狀況。

（松重美人攝影，中國新聞社提供）

東館1樓

10

停留在那個時候的手錶

停在昭和20年(1945)8月6日8點15分的手錶。在投下原子彈的當下被燒得焦黑。也是東館象徵性的資料之一。（捐贈：川越明人）

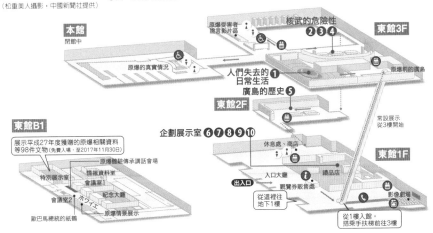

本館
閉館中

原爆的真實情況

原爆受害者證言影片區

核武的危險性
❷❸❹

東館3F

人們失去的日常生活
廣島的歷史 ❺

東館2F

原爆前的廣島

東館B1

展示平成27年度獲贈的原爆相關資料等98件文物（免費入場，至2017年11月30日）

特別展示室

原爆體驗傳承講話會場

情報資料室
會議室1

紀念大廳

會議室2

ホワイエ

歐巴馬總統的紙鶴

原爆情景展示

企劃展示室 ❻❼❽❾❿

休息處、商店

常設展示
從3樓開始

入口大廳

贈品店

東館1F

出入口

觀覽券販售處

從1樓通往地下1樓

影像劇場

從1樓入館。
搭乘手扶梯前往3樓

參觀平和記念公園後想造訪的
小憩片刻咖啡廳&餐廳

走在平和記念公園，如果覺得有點累了，
就到開放式咖啡廳或是人氣餐廳休息一下！

1 從露台座位也可以看到遊覽船
2 提拉米蘇的配料使用當季食材
（照片為冬季提拉米蘇700日圓）
3 使用香蒜奶油調味，法式烤蝸牛
風的烤牡蠣1500日圓

かふぇ ぽんて
Caffe Ponte

元安橋旁的咖啡廳
地點絕佳

位於廣島平和記念公園對岸的開放式咖啡廳，
標誌是白色洋傘。除了充滿開放感的氛圍，使
用牡蠣等當地當季食材的正統義大利料理也很
受歡迎。早餐、午餐及點心以外，也有全餐式
的晚餐。

☎082-247-7471 ⊕廣島市中區人手町1-9-21 ⊙10
～22時(21時LO)※週六、週日、假日、8月為8時～
㊡無休 ☒廣島電鐵原爆圓頂館前電車站步行2分 ℗無
MAPP114B2

也很推薦一般桌椅座位，
店內有玻璃窗，感覺很明亮

有3種義大利麵可供選擇，Ponte推薦的午餐套
餐1850日圓

在元安川上的船
享用傳統老店
的牡蠣料理

座落在元安川上的老店「かき船かなわ」，重新改裝開幕了。店家有採牡蠣的專用筏，料理每天早上直送的牡蠣，正統而非常美味。推薦盡情吃牡蠣套餐8640日圓等。☎082-241-7416 **MAP**P114B2

りすとらんて まりお
RISTORANTE MARIO

當地人所熟知的
簡單義大利料理餐廳

「MARIO」集團的餐廳，「MARIO」集團被稱為讓正統義大利料理在廣島生根的推手。可以享受到性價比很高的料理，義大利麵午餐1728日圓，有5種可選擇。

☎082-248-4956 **住**廣島市中區中島町4-11 ⏰11時30分～14時30分（週六、日、假日～15時），17～22時 **休**無休 **交**廣島電鐵中電前電車站步行10分 **P**無 **MAP**P114A3

1使用豬頰肉培根、綿羊起司的羅馬風奶油培根義大利麵1728日圓 **2**外觀也很華麗的自製甜點，飯後請務必品嘗。（照片為示意圖）　**3**店內充滿異國風情，簡直就像來到了義大利

1配料的分量多到令人驚訝。自製蜂蜜吐司1100日圓，也有一半的尺寸700日圓 **2**午餐時段限定、數量有限的鹹派拼盤950日圓 **3**可愛的店家，特徵是藍色的遮陽棚

しなもんしょくどう
cafe cinnamon

在復古的氛圍中品嘗
手作西式料理&甜點

位於寧靜的庶民區域一角，有著復古氛圍的咖啡廳。料理以洋食為主，最適合吃午餐或是喝杯咖啡，請務必在散步途中來休息一下，品嘗手工蛋糕。

☎082-942-3424 **住**廣島市中區土橋町3-4 ⏰11時30分～21時（20時LO） **休**週二 **交**廣島電鐵土橋電車站步行2分 **P**無 **MAP**P112A3

ちゃのわ ほんてん
茶の環 本店

電視節目大力稱讚的
豪華抹茶甜點

因電視節目介紹而人氣攀升的抹茶奶油蛋糕「抹茶滿月」1728日圓。也可以在2、3樓的咖啡廳，品嘗現作的抹茶甜點。也能在1樓商店選購伴手禮。

☎082-242-0078 **住**廣島市中區紙屋町2-3-3 ⏰10時30分～19時30分（咖啡廳為12～18時30分LO） **休**每月第3週三 **交**廣島電鐵本通電車站步行即到 **P**無 **MAP**P114B2

1cha-fe抹茶拼盤套餐1134日圓，套餐內容可能有季節性變動 **2**抹茶粉雪麻糬（單品）151日圓，濃厚的抹茶風味非常美味 **3**1樓的賣場後方有前往2樓咖啡廳的電梯

流經平和記念公園周邊的元安川，和本川沿岸也是有名的賞櫻名景點。

推薦搭乘水上遊覽船
享受水都·廣島風光

廣島市區有橫跨城市中心區域的京橋川等6條河川。
搭乘從平和記念公園出發的3種水上遊覽船,體驗水都風光!

當作交通工具也很方便
的廣島世界遺產航路

所需時間
約45分

ひろしませかいいさんこうろ
廣島世界遺產航路

連接2個世界遺產

連接平和記念公園和宮島的人氣水上遊
覽船。航行到瀨戶內海前的20分鐘,可
以自由登上甲板。11月~3月可以體驗
餵海鷗

☎082-240-5955 ¥單程2000日圓 往宮島
為8時30分~17時10分,一日17班(可能隨潮位
變動而停駛)※請在乘船15分鐘前購票 無休
(可能臨時停駛) 廣島電鐵原爆圓頂館前電車
站步行3分到元安棧橋 P無 MAP P114B2

1 買好乘船券後,就
去搭船!**2** 大氣晴
朗,可以走到甲板上
3 從船上看到的宮
島,從遠方眺望的宮
島也很神秘 **4** 抵達宮
島!步行約10分可到
嚴島神社

※甲板觀景、餵食海鷗體驗等活動,可能因天候、潮位等變化而取消。

很受家庭遊覽的客歡迎

限定6人的迷你遊覽船,

所需時間
25分

ひろしまりばーくるーず
廣島River Cruise

盡情享受悠閒的水上遊覽

從元安棧橋出發,在本川上游折返
的水上遊覽船,航程約25分鐘。船
上會有女性船長的導覽解說。也可
以攜帶食物和飲料登船。

從豪斯登堡來的遊覽船

☎082-246-1310
¥1200日圓 10
~16時20分的1日
8班(可能因潮位變
化而停駛)※請在乘
船15分鐘前購票 休
週三(12月1日~3月
15日為週二、三)
廣島電鐵原爆圓
頂館前電車站步行
3分到元安棧橋 P
無 MAP P114B2

所需時間
25分

みにくる ず「るんるんごう」
迷你遊覽船「輪輪號」

可愛的圓形!有趣的水上遊覽

搭乘圓形的小遊覽
船,從水上參觀原爆
圓頂館、相生橋、舊
市民球場等等。開放
式的遊覽船很舒服,
可愛的外觀和獨特的
動作也很有趣。

☎082-246-1310 ¥800
日圓 休10~16時 ※退潮
時行駛(雨天停駛)、週三
(12月1日~3月15日為週
二、三) 廣島電鐵原爆圓
頂館前電車站步行3分到元
安棧橋 P無 MAP P114B2

享受平穩的水上風光

昭和20年(1945)8月6日、不忘記那個夏天的悲劇

一顆原子彈將廣島城被夷為平地。
不忘記那場悲劇,以世界和平為目標,以同理心感受「廣島」!

投下原子彈而產生的蕈狀雲
(照片提供:廣島平和記念資料館、攝影:美軍)

「和平之燈」在平和記念公園,將一直燃燒至廢止核武的那一天

召原爆毀損的電車

廣島電鐵的路面電車。從原子彈投下的時候就行駛在路上,現在仍在使用的車輛651、652、653號被市民稱為「原爆電車」。

原爆圓頂館經過數次修復,仍然保存著當時受到原爆毀損的樣子

{ **透過戰爭的慘狀,**
從廣島祈望世界永久和平 }

1945年(昭和20)8月6日上午8時15分,人類史上第一個原子彈投到了現在的大手町,在其上空600m處爆炸,爆炸中心地周邊地面的溫度上升至3000～4000度。除了堅固的建築,強烈的爆炸波和熱輻射線,燒毀了半徑2km內的所有東西,讓廣島在瞬間變成人間地獄。到同年12月底為止,死亡人數達14萬人,而現在仍有許多原爆受害者受後遺症所苦。戰後,建造在爆炸中心旁的平和記念公園,在傳達戰爭和原爆真實慘狀上,發揮了重要的功用。「廣島」今後也將持續撫慰亡靈,並繼續發出祈求世界永遠和平的訊息。

原爆圓頂館曾是廣島縣產業獎勵館

挑高的磚造建築曾經是廣島縣產業獎勵館,因為原爆受到嚴重損毀。楮山ヒロ子是因原爆後遺症而逝世的受害者,以她的日記為契機,為了讓後代子孫也認識原爆受害體驗,因此把這棟原爆的貴重建築保留下來。原爆圓頂館幾乎保留了原爆發生當時的樣子,藉此呼籲世界廢除核武並祈求世界永遠和平。

1915竣工。曾是地下1樓到地上3樓的建築(照片提供:廣島平和記念資料館)

幾乎就位在爆炸中心點,卻奇蹟似的沒有倒場(照片提供:廣島平和記念資料館/美軍攝影於1945年11月)

也想要造訪祈求和平的景點

袋町小學校和平資料館
ふくろまちしょうがっこうへいわしりょうかん

原爆當時,生存者在袋町小學校西校舍一片燒得焦黑的牆壁上,寫下很多訊息,校舍的一部分保留了下來作為資料館。

☎082-541-5345 ¥免費 ⏰9～17時
休12月28日～1月4日 交廣島電鐵袋町電車站步行3分
無 MAP P114C2

舊日本銀行廣島分店
きゅうにっぽんぎんこうひろしましてん

雖然位於爆炸中心地旁,但因為建築物本身很堅固而沒有倒場,爆炸2日後就開始處理業務。現在也因為保留著當時的模樣而開放參觀。

☎082-504-2500 ¥免費 ⏰10～17時(因活動而異)
休12月29日～1月3日 交廣島電鐵袋町電車站步行即到 P
無 MAP P114C2

島病院
しまびょういん

當初原子彈設定的標的是相生橋,但投下時向東南方偏了300m,因此島病院就成了爆炸中心地。建築物旁有原爆受災說明板。

☎082-242-7831(廣島市和推進課) ¥⏰
休原爆受災說明板自由參觀 交廣島電鐵紙屋町西電車站步行3分
P無 MAP P114B1

重點看過來！

在觀光景點散步

廣島城和縮景園是市區的兩大觀光地。周邊還有美術館等設施（☞P78）

重點看過來！

在美好的咖啡廳小憩片刻＆用餐

不論是白天、晚上都有咖啡廳在營業，非常方便。（☞P86～93・96）

重點看過來！

在廣島最大的熱鬧市區享受美食＆購物

有豐富的美食、伴手禮的商店。（☞P50～62・P80～87・P94）

廣島燒是必吃的廣島美食！（☞P50～55）

廣島市區的中心區域就在這裡！

廣島市中心區域

a c c e s s

吃美食＆購物到這裡就對了！

廣島市中心（紙屋町・八丁堀周邊）

ひろしまたうんちゅうしんぶ（かみやちょう・はっちょうばりしゅうへん）

走這樣的地方

廣島第一大的熱鬧中區，從當地人到觀光客都聚集在此。主要的景點為廣島城和縮景園，在集結了獨具個性的咖啡廳和商店的街道上散步也很有趣。離廣島站和平和記念公園很近，也有很多美食餐廳、伴手禮採購景點及飯店，是最適合當作觀光的據點。

●從廣島站電車站前往
・搭乘廣島電鐵2、6號線等到銀山町電車站7分、到胡町電車站8分、到八丁堀電車站9分、到立町電車站停11分、到紙屋町東電車站13分、到紙屋町西電車站15分。在八丁堀電車站轉成9號線，到縮景園前電車站3分。
・搭乘廣島電鐵1號線到本通店停15分、到袋町電車站16分。

洽詢
☎082-247-6738
廣島市觀光服務處
廣域圖P111

~廣島市中心區域 快速導覽MAP~

2 廣島城
(☞P78)

1 縮景園
(☞P79)

0 ─── 200m

能買到和全世界炫耀的熊野筆
時尚女性必備的熊野筆就在這裡!
(☞P84)

河川沿岸的多間開放式咖啡廳
京橋川沿岸分布著以景色為傲的露天咖啡廳。(☞P88)

京橋川沿岸開放式咖啡廳通

廣島市中心

往城北站
往白島
往城北站
廣島新交通1號線
広電白島線
広島家庭裁判所
広島高等裁判所
家庭裁判所前
京橋川
縮景園前
廣島城東
廣島護国神社
縮景園入口
広島法務局
廣島城南
女學院前
城南通
女学院前
白島通
世界平和記念聖堂
市立中央図書館
広島市民病院
広島県庁
廣島麗嘉皇家酒店
SOGO廣島店
AQUA廣島中心街
廣島巴士中心
縣廳前
紙屋町
立町
八丁堀
胡町
八丁堀
相生通
稲荷大橋
稲荷町橋西
往廣島站
銀山町
往十日市町
相生橋
原爆園頂館前
廣島本線
紙屋町西
紙屋町東
八丁堀
三越廣島店
ヤマダ電機
藥研堀通
6 八昌
(☞P50)
原爆園頂館
サンモール
広島トランヴェールビル
本通
本通商店街
パルコ
流川通
中央通
東広島橋南詰
東広島橋
広島筆センター(☞P85)**4** 廣島
3 廣島ANDERSEN
(☞P82)
5 並木通
(☞P86)
平和記念公園
袋町
袋町小
袋町小学校平和資料館
舊日本銀行廣島分店
三川町
時尚潮流尖端的並木通
許多有特色的咖啡廳、商店都在這條街道上。(☞P86)
本川橋
廣島平和記念資料館
平和大橋
廣電宇品線
白神社前
平和大通
中區
西平和大橋
平和記念公園
地藏通
中電前
(☞P86)**5**
往市役所前

推薦路線
5小時

到縮景園、廣島城還有熱鬧市區。造訪本通商店街的熊野筆商店和人氣烘焙坊後,到並木通~地藏通逛逛時尚的商店&咖啡廳,最後前往廣島燒名店。

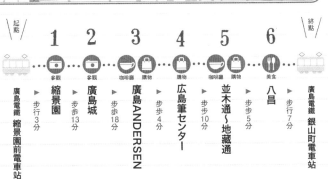

起點		1	2	3	4	5	6	終點
		參觀	參觀	咖啡廳	購物	咖啡廳	美食	
廣島電鐵 縮景園前電車站	▶	縮景園	▶ 廣島城	▶ 廣島ANDERSEN	▶ 広島筆センター	▶ 並木通~地藏通	▶ 八昌	▶ 廣島電鐵 銀山町電車站
		步行3分	步行13分	步步18分	步步4分	步步10分	步步5分	步行7分

前往廣島城～縮景園，
觀光區域散步

廣島市區的北側，以縮景園和廣島城為中心，
有美術館等景點。品嘗人氣甜點和在咖啡廳小憩片刻也很愉快。

所需時間
約**4**小時

也有販售美術館原
創設計的紙膠帶
（第2彈），1個680
日圓～

···; START! ;···

ひろしまびじゅつかん
廣島美術館 ❶

國內數一數二的印象派
館藏

收藏法國近代繪畫和明治時
期以後的日本近代繪畫。除
了本館第1～第4展示室的常
設展，別館常態舉辦的特別
展也不可錯過。也可以在附
設的咖啡廳，邊眺望寬闊的
中庭邊休息。

☎082-223-2530 住広島市中
区基町3-2 ￥隨展覽而異 ●9～
17時 休週一、過年期間，舉辦
特別展時除外 交廣島電鐵紙屋
町西電車站行5分 P 5輛
MAP P112B2

徒步13分

▲仿照原爆圓頂館設
計的圓形本館很少見

◀莫森·梵谷晚年的名
作《杜比尼花園》

▶從展望室可以將廣島
市街一覽無遺，天氣好
的時候還可以看到宮島

步行5分

ひろしまじょう
廣島城 ❷

可以學習到城下町廣島相關知
識的歷史博物館

毛利輝元在天正17年（1589）所築
城，也被稱為「鯉城」，這也是廣島
東洋鯉魚隊的名字由來。天守閣因原
爆而傾倒，現存的天守閣是在昭和33
年所復元的。館內為歷史博物館，展
示廣島城和城下町廣島的相關文物。

☎082-221-7512 住広島市中区基町21-1
￥370円 ●9時～17時30分（12～2月至16
時30分）休12月29日～12月31日※有臨時休館
交廣島電鐵紙屋町東、西電車站步行15分 P
無 MAP P112B1

周邊綠蔭環繞，春天有櫻花，
秋天則可欣賞紅葉

也有免費的
換裝體驗活動

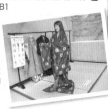

▶可以存古代
服飾體驗區拍
紀念照

雖然位於市區中心，卻是能讓人忘卻喧囂的優雅空間

▲跨虹橋是縮景園的代表性建築

推薦給第一次來廣島的人

「廣島市觀光導覽志工協會」將依序導覽平和記念公園、舊日本銀行廣島分店、廣島城、縮景園，參加方法為從網頁下載申請書填好後傳真或郵寄。
☎082-247-6739（傳真也相同）

GOAL！

せかいへいわきねんせいどう

世界和平紀念聖堂 ❹

獻上希望世界和平的祈禱

Hugo Enomiya-Lassalle神父（愛宮真備神父）身為原爆受害者，為了追悼原爆死者和戰爭犧牲者，並祈求世界和平，集結了國內外的支援，於昭和29年獻上了大聖堂，聖堂建築也被指定為國家重要文化財，歷史價值非常高。

☎082-221-0621 **住**廣島市中區幟町4-42 **¥**免費 **時**9～17時（教會儀式和進行工程時不可參觀）**休**無休 **交**廣島電鐵銀山町電車站步行3分 **P**無 **MAP**P113D2

▲是建築家·村野藤吾具代表性的宗教建築作品，相當知名

小憩片刻

西點店的人氣伴手禮

ばていすりーあるふぁ

PATISSERIE ALPHA

烤蒙布朗(1個入)330日圓，外皮富有彈性而酥脆，中心質地濕潤，和整顆的栗子甜味完美搭配。共販賣10種甜點。

☎082-511-3840 **住**廣島市中區橋本町4-23 **時**9時～18時30分 **休**週一 **交**廣島電鐵銀山町電車站步行5分 **P**2輛 **MAP**P113D2

獲得「THE 廣島品牌」認證的烤蒙布朗（照片前方）

しゅっけいえん

縮景園 ❸

廣島代表性的觀光景點

廣島藩主·淺野長晟的別邸庭園，在1620竣工，現在被指定為國家名勝。縮景園為仿造中國景觀的池泉迴游式庭園，以水池為中心，周圍有茶室、山、溪谷、橋、大大小小的島嶼等造景。每個季節也會舉行茶會。

☎082-221-3620 **住**廣島市中區上幟町2-11 **¥**260日圓 **時**9～18時（10月～3月至17時）**休**年末 **交**廣島電鐵縮景園前電車站步行3分 **P**29輛（收費）**MAP**P113D1

鮮豔的彩繪玻璃

裝飾著彩繪玻璃的館內，感覺很神秘

步行10分

享用當地當季食材！

りすとらんて·ふぉんたな

Ristorante Fontana

飯店等級的服務和味道很受好評，料理以義大利料理為主，特點是大量使用瀨戶內海的海鮮和當地的蔬菜等當季食材。

☎082-223-2580(JAL飯店City廣島) **住**廣島市中區上幟町7-14 **時**7時～21時30分(21時LO) **休**無休 **交**廣島站步行5分 **P**16輛 **MAP**P113D2

每個月都會更換餐點內容的Fontana午餐1600日圓。主菜有魚或肉可供選擇。

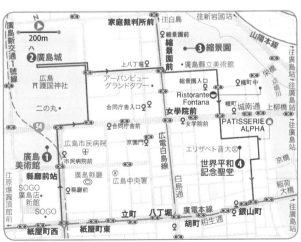

縮景園的梅花盛開期為1月下旬～2月下旬；櫻花的盛開期為3月下旬～4月上旬；楓紅期為11月，推薦在不同的季節造訪這裡。

在廣島的主要街道·
本通商店街購物漫遊

廣島市區中格外熱鬧的本通商店街。
有不少時尚店家和伴手禮商店，可以享受到購物樂趣的街道。

くれそん
CRESSON ❶

簡直就像是復古的玩具箱！

明治10年（1877）創業，原為
玩具商店。店面由舊玩具倉庫
改裝而成，充滿復古的氛圍，
店內展示了昭和30年代的馬自
達R360 Coupe，就像是尋寶的
心情找尋自己喜歡的商品！

☎082-247-6754 🏠廣島市中區
大手町1-8-19 🕐11時～19時30分
💤週四 🚃廣島電鐵本通電車站步行3
分 🅿無 🗺MAP P114B2

像是倉庫一樣的復古入口，
很有個性

❶巴黎鐵塔（小）194日圓、
（大）410日圓 ❷燭台1512日
圓，裝飾會反射燭光，很漂亮
❸FARGILE幸福之木1080日
圓。心型的菓子很可愛 ❹木製
的相框1404日圓～，讓人想要
裝飾在自己的房間

店內充滿復古的物品，展示的車子也令人印象深刻

へいあんどううめつぼほんどおりてん
平安堂梅坪本通店 ❷

**縣裡數一數二的點心傳統老店
販售豐富的西式與和風人氣商品**

以悠久歷史為豪，在廣島
也是數一數二的傳統點心
店。除了長久以來受人們
喜愛的和式點心以外，還
有充滿季節感的鮮　子、
使用廣島產食材的洋　子
等等，商品種類豐富。

☎082-247-0372 🏠廣島市中
區本通8-18 🕐9時30分～18時
30分 💤無休 🚃廣島電鐵本通電
車站步行5分 🅿有特約停車場
🗺MAP P114C2

位於HM本通會館的1樓

❶去作饅頭5個入972日圓～，店裡的代表性名點心，將使用北海道產紅
豆的顆粒紅豆餡，用薄薄的外皮包起烘烤而成 ❷入口即化的葉子派5片
756日圓 ❸安藝檸檬5個入756日圓，外皮用廣島縣湯來町產的牛奶
醬風味，中心則包入滿滿的瀨戶內產檸檬白豆沙餡 ❹柿子乾羊羹，祇
園坊1512日圓～（1條）

ひろしまゆめぷらざ

廣島夢廣場 ③

在此獲得伴手禮和觀光資訊！

店內聚集了來自縣內各地的特產，品項相當豐富，因此總是聚集了很多客人。也有由製造商舉辦販賣活動，每日都會更換商品。設有觀光資訊區，可以獲得各地的觀光手冊。

☎082-544-1122 住廣島市中區本通8-28 ⏰10～19時 休週三（逢假日則營業）交廣島電鐵本通電車站步行3分 P無
MAP P114C2

①酒蛋糕1條800日圓，使用三地當地釀造的酒「美和櫻」所製作的奢侈蛋糕 ②檸檬雞皮60g432日圓，瀨戶內產的檸檬風味和國產雞的雞皮是絕妙的搭配！ ③無花果果醬180g480日圓，蛋糕店所製作的果醬，特色是恰到好處的甜味 ④羊栖菜芝麻醬油醬汁200ml540日圓，使用含有豐富礦物質的羊栖菜，不添加人工香料的醬汁 ⑤廣島花林糖檸檬口味30g216日圓，少量加入的吳市大崎下島產檸檬，是秘密調味料！

可作為觀光據點的景點

ながさきや

長崎屋 ④

廣島名產都集結於此！

明治25年（1892）創業的伴手禮老店，販售廣島名產的牡蠣加工品和水果等等，商品種類豐富齊全，很受歡迎。也有附設內用空間的店家，很適合購物後休息一下！

☎082-247-2275 住廣島市中區本通6-8 ⏰9時30分～19時 休無休 交廣島電鐵本通電車站步行1分 P無 MAP P114B1

①最適合搭配紅酒的煙燻牡蠣1800日圓 ②瀨戶田檸檬1420日圓，可以加熱水或冷水沖泡 ③芳香的油漬燒烤牡蠣，油&牡蠣1782日圓 ④八朔橘子大福1個165日圓，7～11月因食材不足而停止製造

寬闊的店面，從入口就擺滿了商品

廣島本通商店街振興組合的免費刊物「Φ（ウー）」，刊載了最新的新聞和活動資訊等，可以在本通的各個店家拿取。

前往紙屋町的烘焙坊·廣島ANDERSEN

人氣烘焙坊「ANDERSEN」的本店就在紙屋町，
五層樓的大樓內有咖啡廳和商店，可以依照自己的需求使用。

就在本通電車站旁

2樓 咖啡廳

可以享用到三明治、麵包、沙拉及湯品的拼盤，很受好評。下午可以放鬆地享受下午茶，晚上則可以享受到紅酒。

掛著從本館繼承而來的招牌

1樓 烘焙坊樓層

以烘焙坊為中心的樓層，從用石窯烘烤的麵包、主餐麵包到丹麥酥皮麵包等等皆有，種類齊全。還有點心、葡萄酒、正餐餐點、花店等，商店種類廣泛。

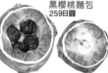
種類豐富且講究品質的麵包

從早上7點30分開始營業，早餐的選擇豐富

黑櫻桃麵包
259日圓

丹麥奶油麵包
216日圓

2016年3月開幕，離本通電車站很近

本通
ひろしまあんでるせん
廣島ANDERSEN

將麵包融入日常生活的商店

全國皆有分店的「ANDERSEN」本店，經營理念為「用麵包展開丹麥式的幸福生活」。一樓～二樓除了烘焙坊、咖啡廳及餐廳以外，還有開設插花教室、品酒教室等工作坊。在本通上的本館因改裝工程，將閉館至2020年，請特別注意。

☎082-247-2403 住広島巾中区紙屋町2-2-2
⏰1樓10～20時、2樓咖啡廳7時30分～21時
※週日、假日和連休最後一天1、2樓皆在19時閉館
🅿不定休 P特約停車場180輛(收費)
🚉廣島電鐵本通電車站步行1分 MAP P114B1

4～5樓 宴會樓層

有充滿北歐風情、時尚沉穩的包廂，除了可以當作研討會或會議場地，也很適合用來舉辦小型派對。外匯服務4752日圓起)採預約制)，隨時接受預約。

配合不同季節，會舉辦啤酒派對等各式各樣的活動。

到廣島 ANDERSEN 享受各種樂趣

附設鮮花販售區

1樓有販售由花藝設計師所挑選的花朵、花束、盆栽等。也有以麵包、甜點組合成的商品。照片為綠花束3240日圓。

廣島市中心 ● 紙屋町的烘焙坊·廣島ANDERSEN

簡單享用店家自豪的麵包

三明治

2樓咖啡廳供應現做的三明治，店家引以為豪的三明治使用了大量當季蔬菜。受歡迎的BLT三明治507日圓、綜合三明治540日圓，還有其他豐富的口味。

🕐 10～21時
（咖啡廳從7時30分開始營業）

◀用料實在的現做三明治，請依自己的喜好選擇

▼使用酥脆的英式麵包，火腿起司三明治套餐1134日圓（咖啡廳餐點）

◀中間夾著烤牛肉和馬鈴薯沙拉的烤牛肉三明治1458日圓（咖啡廳餐點）

在家也能吃到正統的味道！

▼不論哪一道料理都使用嚴選的食材。以100g為單位販售，價格實惠

▲豐富多樣的時尚美味餐點，最適合開家庭派對

1樓
デリカテッセン

從健康的沙拉到現炸的炸物等餐點，皆由設置在地下室的廚房所調理。也販售火腿、起司等食材。

🕐 10～19時

甜點和葡萄酒也不容錯過！

1樓
葡萄酒

有侍酒師常駐的葡萄酒商店，可以在品酒櫃台試喝整杯的葡萄酒（須付費）。藏有嚴選的豐富名酒。

▲酒窖陳列約300種酒
◀ANDERSEN葡萄酒（幸·志）各2160日圓

1階
甜點

使用杏仁膏製作的丹麥獨特點心，還有傳統的烘焙蛋糕等，販售各式各樣的甜點，也有以童話故事為主題的烘焙點心。

▲濃郁的瑪格麗特蛋糕1個1350日圓

◀丹麥蛋糕組合6個1296日圓，也很推薦當作伴手禮

不要忘了本店限定的麵包！

1樓
烘焙坊

約有80種麵包，多樣的選擇令人開心。廣島本店限定販售的商品，也可以當作伴手禮，買回家享用。

▲廣島酸麵包993日圓

◀石窯烘烤土司475日圓

要不要買個禮物？

▼選禮物的同時，也可以和親切的諮詢人員討論

2樓
禮物櫃台

可以從麵包和私人品牌（PB）的食品等豐富的商品中，依照預算和需求，挑選商品組合成禮盒，也有禮物諮詢人員常駐。

 可以享受麵包和食材的簡單組合，推薦外帶到附近的公園享用。

提升女性魅力的必備商品
令人嚮往的熊野筆

熊野筆在外國的化妝師間，也獲得極高的評價，
師傅手作的化妝刷具，是追求美麗的女子一定會想擁有的商品。

最強套組：全妝用：更愉快！讓化妝時光：

商品有可能售罄

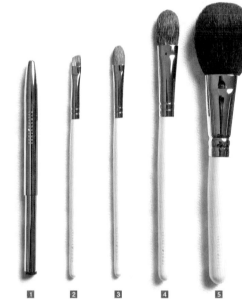

1 **唇刷** 可以畫出漂亮的輪廓而很受好評，附蓋子，便於收納
2 **眉刷** 容易暈染。讓人更靠近理想中的眉毛
3 **眼影刷** 使用鼬鼠毛。特色是發色度強，可以化出顯色的眼影
4 **眼影刷（大）** 觸感柔軟的松鼠毛款。可以化出自然的眼影
5 **腮紅刷** 毛量豐富，化起來更迅速。有這個就可以化出理想的腮紅！

1 **2** **3** **4** **5**

Happy box
10250日圓
由5支可以化出完整眼妝和唇妝的化妝刷具組成的套組。可以長年經常使用，是最受歡迎的商品
SHOP **B**

什麼是熊野筆？

熊野筆是位於廣島市東南方，安藝郡熊野町的傳統工藝品。歷史長達約180年，不論是化妝刷具、書法毛筆還是畫筆，在日本市占率80%以上。觸感優良的化妝刷具，讓妝容變得更有質感。

創造出美麗的
豐富工具

S100 定妝刷
斜角狀 **12312日圓**（照片左）
S103 腮紅・打亮刷
錐狀 **10476日圓**
使用山羊毛，兼具適度的彈性和良好的觸感。
SHOP **C**

每次使用都讓人心動的
心型刷具

洗臉刷具
心型（大）
4320日圓
粉紅色心型刷毛的可愛洗臉刷，也可以用來化妝。
SHOP **A**

專業認證的品質和
絕佳的觸感令人陶醉

原創臉部刷具
SS1-1
12350日圓
適用於粉狀化妝品的刷具。柔軟刷毛和彈性連連化妝高手也認可。
SHOP **B**

\廣島機場也買得到！/

え－えぬえー ふぇすた
ANA FESTA

通過機場的手提行李檢查處後，就是販售經典廣島伴手禮的商店，也有販售多種類的熊野筆（※和下列介紹的商品不同）。

☎0848-86-8765　住三原市本郷町善入寺64-31　營7時～最後一班飛機　休無休　P3800輛(收費)　交廣島機場内　MAP附錄背面I2

稍微走遠一些到筆之街熊野町

熊野町的「筆の里工房」介紹了筆的歷史和實際的製筆過程，館内也有附設商店，販售約1500種熊野筆，品項齊全。
☎082-855-3010　MAP附錄背面E3

嚴格挑選的素材
關鍵就在

1 腮紅刷
KCP-10 5400日圓
2 唇刷
粉色 1836日圓
3 眼影刷
KCP-4 1836日圓
4 臉部刷具
KCP-7 9180日圓
5 眼線刷
KCP-2 1404日圓
6 眉梳&眉刷
KCP-1 810日圓
根據用途使用鼬鼠毛和馬毛等素材，製作出更貼妝的刷具。
SHOP A

毛筆也很出色！

毛筆套組
4536日圓
容易吸取墨汁，寫起來能一直保持流暢的手感。推薦當作家人或是長輩上司的禮物。
SHOP A

廣島市中心 令人嚮往的熊野筆

大手町
ひろしまふでせんたー
広島筆センター A
吸引了日本國內外的愛好者
位於本通商店街。陳列著毛筆和化妝刷具等豐富的商品，種類也是縣内數一數二齊全的商店。也提供選擇上的諮詢建議，在這裡買下自己喜歡的1支！
☎082-543-2844　住廣島市中区大手町1-5-11　營10～19時　休每月不定期休1日　交廣島電鐵紙屋町西電車站步行3分　P無　MAP P114B1

廣島站内
くまのふで せれくとしょっぷ
熊野筆 SELECT SHOP B
嚴選的熟練之筆
商品以嚴格挑選的化妝刷具為主，除了送禮用的套組商品，也有單支購買的商品，無論送禮給重要的人或是自用，都請務必來這裡選購。
☎082-568-5822　住広島市南区松原町2-37 ひろしま駅ビル ASSE5階　營10～21時　休準同廣島大樓ASSE　交直通JR廣島站　P請利用ASSE停車場　MAP P112B2

胡町
はくほうどう ひろしまみつこしてん
白鳳堂 廣島三越店 C
白鳳堂的旗艦店
位於熊野町「白鳳堂」商店。有獲得優良設計獎的「S100系列」，還有其他優質的商品，品項種類豐富，品質和設計都很精緻。
☎082-242-3488　住広島市中区胡町5-1 広島三越1階化粧品売場　營10時30分～19時30分　休不定期（準同廣島三越）　P請利用廣島三越停車場　交廣島電鐵胡町電車站步行1分　MAP P115D1

 熊野筆根據筆的用途，會使用不同材質的毛和握柄。化妝刷具使用不同種類的動物毛，觸感也不同。

並木通到地藏通的時尚商店&咖啡巡禮

時尚街頭感的並木通和充滿庶民氛圍的地藏通，
逛完好品味的商店後，在時尚咖啡廳小憩片刻。

以廣島當地人的
心情散步吧！

1

▶原創小包
1944日圓

◀rag&bone
破壞牛仔褲
31320日圓

ぱりご ひろしまてん
PARIGOT 廣島店

**聚集了日本國內外300個品牌
時尚尖端選貨店**

從海外進貨的進口商品到國內的設
計師品牌、個人品牌，男女裝共有
約300個品牌。也有豐富的丹寧商
品和可愛雜貨！

☎082-504-8411 🏠広島市中区新天地
4-2 アクセ広島2・3階 🕐11～20時 休不
定期 🚃廣島電鐵八丁堀電車站步行5分
🅿無 MAP P115D2

▲除了高單價品牌
以外，當然也有豐
富的平價品牌

◀yanuk男友牛
仔褲24840日圓

▲並木通上，
時尚商店林立

▼也有販售Aesop的護髮產品、護膚
產品，洗髮精、潤髮乳500ml各5292
日圓、200ml各2916日圓等（皆為照
片後方）

◀玻璃櫥窗的
時尚外觀，令
人印象深刻

2

れせぷしょん
Reception

**豐富齊全的
優質成熟單品**

以歐洲品牌為中心的休閒服飾選貨
店，主要販售進口品牌。除了流行
的服裝以外，也有齊全的優質基本
單品。

☎082-544-2415 🏠広島市中区三川町
3-16 ハイマート栗原1階 🕐11～20時 休
不定期 🚃廣島電鐵八丁堀電車站步行5分
🅿無 MAP P115D2

▲SAINT JAMES的
條紋上衣13824日圓

▲repetto的芭蕾平底鞋
36720日圓

▲男女裝皆有販
售，情侶也請務
必來逛逛

▼義大利麵午餐
附飲料，950日
圓，很划算

3

ばるばにーかふぇ
BAR BUNNY CAFE

**除了午餐以外
也可以小憩片刻或喝杯小酒**

位於可以俯瞰並木通的大樓5樓，可以來這
裡吃午餐、購物時休息一下、晚餐後續攤
等等，各種場合都可以前往。使用大量蔬
菜的健康料理很多，這點也令人很開心。

☎082-247-2955 🏠広島市中区三川町4-14 口並
木5階 🕐11時30分～翌日3時（飲料 O時間翌日2時）
休無休 🚃廣島電鐵八丁堀電車站步行6分 🅿無
MAP P115D2

▲蛋包飯1000日圓，美
味的關鍵就在牛肉醬汁

◀每日更換主菜的
當日午餐拼盤950日圓

▲烤蘋果和香草冰淇淋的飲料套餐1000日圓

往中央通
●PARCO
並木通
中町1番
平和大通
並木通入口
●竹屋地藏
小町7番
地藏通
往驛前通

廣島市區冬季的例行活動

每年從11月開始，平和大通和並木通等街道會舉辦「廣島夢幻彩燈節」，街道會閃耀著夢幻的霓彩燈飾。
☎082-247-6805(廣島夜間點燈事業實行委員會事務局事業推進本部)
MAPP115D3

▼聖代849日圓起

4 cafe Citron

cafe Citron

帶著款待客人的心
高分的舒服服務態度

位於復古大樓2樓的咖啡廳。「以日式精神款待客人」的服務態度很受好評，不論是白天或晚上都很舒服。請務必試試午餐餐點，可以選3道小菜，搭配五穀米飯組成套餐。

☎082-247-4106 住広島市中区小町1-1 2階 ⏰11時30分～23時 休無休 交廣島電鐵中電前電車站步行5分 P無 **MAP**P115D3

▲午餐餐點814日圓，可以選3道小菜

▲開放式的空間，陽光從大片窗戶照進來

5 きぷふぇる kipfel.

優雅的氛圍
抓住女性顧客的心

優雅的氛圍和暖心的手作料理很熱門。推薦午餐拼盤1300日圓和聖代980日圓起，午餐拼盤最好先預約。

☎082-241-0078 住広島市中区国泰寺町1-10-20 下田ハイツ1階 ⏰11:00～17:00(LO16:20，週四～週六於8:30～10:00時供應預約制的早餐) 休週日、假日 交廣島電鐵市役所前電車站步行7分 P無 **MAP**P115D4

當季聖代880日圓

▲倉庫改裝而成的店內，讓人忍不住想久待

▲當季刨冰套餐（附熱紅茶）1080日圓起

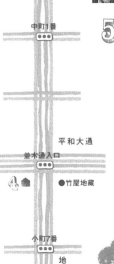

顧名思義這條路上有地藏菩薩！

▲位於地藏通北側入口的「竹屋地藏」

▲白色為基調的外牆，讓店家LOGO更顯眼

▲HOLLYWOOD RANCH MARKET的女裝彈性羅紋五分袖上衣各5616日圓

6 はーべすと HARVEST

▶BLUE BLUE輕丹寧2口袋襯衫14040日圓

正宗美式風格的
時尚單品很受歡迎

店內充滿木材的溫暖感覺，販售大量的美式休閒單品，以「HOLLYWOOD RANCH MARKET」和「BLUE BLUE」等品牌為中心，也有豐富的包包和配件飾品。

☎082-249-6563 住広島市中区小町8-7 ラ・プリマ・ヴィラ1階 ⏰11～20時 休不定期 交廣島電鐵中電前電車站步行6分 P無 **MAP**P115D4

📖 並木通有春日祭典、繪畫攝影展、夜間點燈等等，一整年都有各式各樣的活動。

京橋川開放式咖啡廳通
在河邊的貴賓席放鬆

京橋川沿岸坐落著許多開放式的咖啡廳。
要不要在這裡感受舒服的微風，度過優雅的片刻？

天氣晴朗的時候，可以在木製棧台上的座位享受悠閒的時光

きゃらんととろわ

43

**獨創的法式薄鬆餅料理
很受好評！**

和概念飯店合作的開放式咖啡廳。獨創的"法式薄鬆餅"，可以享受到濕潤鬆軟的新穎口感，使用單種咖啡豆的咖啡，皆很受好評。除此之外，除了每日更換口味的義大利麵，也很推薦肉類午餐料理和手作甜點。

☎082-511-7370 住広島市中区上幟町7-1ホテルフレックス1F 時7～21時（早餐到10時，午餐為11時30分～15時）休不定期 交JR廣島站步行7分 P無 MAP P113D2

❶季節拼盤午餐1480日圓，是最受歡迎的料理 ❷位於飯店1樓，店內有著悠閒的氣氛，法國復古家具散發出時尚的氛圍 ❸水泥牆和白色的屋頂給人高雅的印象

推薦料理大集合！

焦糖堅果法式薄鬆餅　810日圓
這裡才吃得到獨創料理，必吃！(43)

本日蛋糕套餐　900日圓
有2種蛋糕套餐。(Ristorante Fontana)

冰水果茶（芒果）　600日圓
味道清爽 (Ristorante Fontana)

生火腿芝麻菜披薩　900日圓
最適合的輕食料理。(Cafe REGAL)

焦糖拿鐵　550日圓
焦糖的甜香讓人放鬆。(Cafe REGALO)

りすとらんて・ふぉんたな

Ristorante Fontana

使用當地的當季食材
每月更換菜色的午餐很受好評

飯店直營的義大利餐廳，使用瀨戶內海海鮮和當地有機蔬菜等食材，可以享受到以當地產食材料理烹調的各種料理。每月更換菜色的午餐(11時30分～14時)，午餐有3種義大利麵、2種披薩可選擇，各1300日圓。

☎082-223-2580 (廣島日航都市酒店) 住広島市中区上幟町7-14 ⏰7時～21時30分 (21時LO) 休無休 交JR廣島站步行5分 P16輛
MAP P113D2

❶Fontana午餐1600日圓，主菜可以選擇魚or肉，菜色每月更換 ❷綠意盎然的春季或初夏季節，推薦選擇可以眺望京橋川的露台座位！❸店內有大片窗戶，洋溢著明亮的氛圍 ❹位於飯店1樓，入口在櫃台後方

かふぇれがろ

Cafe REGALO

在充滿開放感的露台座位
輕鬆享用咖啡廳料理

位於稻荷大橋旁的河畔咖啡廳。以使用當地產食材為概念，使用廣島的檸檬、神石高原的豬肉、音戶吻仔魚等等，深受當地人與觀光客的喜愛。晚上霓彩燈飾亮起後，有著夢幻的氛圍！

☎082-224-6303 住広島市中区橋本町11 ⏰11～22時20時45分LO・週五、週六、假日前日到22時、21時15分LO) 休不定期 交廣島電鐵銀山町店停步行3分 P無
MAP P113D2

❶廣島檸檬起司蛋糕550日圓，清香和舒暢的甜味很受歡迎 ❷天氣好的時候，可以坐在面向河川的露台座位吃午餐，享受微風吹來的舒適感 ❸使用千代田蛋的豪華歐姆蛋飯1000日圓 ❹週末限定的烤咖哩午餐1200日圓

「京橋R-Win」是指位於稻荷大橋旁，展現河畔魅力的開放式咖啡廳群，屬於城市營造的一環，於2005年開張。

廣島市中心 ● 京橋川開放式咖啡廳通

在廣島人支持率120％的
人氣咖啡廳度過午餐時光

如果在廣島市區散步，
推薦安排到舒服的人氣咖啡廳享用午餐。

✛ 全麥法式薄餅午餐
1000日圓
用蕎麥粉製作而成的法式薄餅，將火腿、起司和半熟蛋包起。

如果想吃下午茶
蜂巢蜂蜜鬆餅
1260日圓

✛ 豐盛水果鬆餅
1000日圓
奢侈的大量使用新鮮水果，外觀也很繽紛的鬆餅。

如果想吃下午茶
起司蛋糕
400日圓

本通

めらんじゅ どぅ しゅはり ひろしま
MELANGE De SHUHARI 廣島

現烤法式薄餅加上蘋果氣泡酒的豪華午餐

以法式咖啡廳為概念的白色基調現代咖啡廳。1樓販售蛋糕和馬卡龍，2樓的咖啡廳則可以品嘗到蛋糕、馬卡龍及法式午餐必定會出現的法式薄餅等餐點。午餐套餐的飲料也有供應蘋果氣泡酒。

☎082-249-1404 住広島市中区本通8-8 營11～20時（19時LO）※午餐15時LO 休不定期 交廣島電鐵本通電車站步行3分 P無 MAP P114C2

1 2樓是優雅的咖啡廳
2 馬卡龍1個180日圓

袋町

かふぇ えすぷれっしーぼ せかんどしーずん
Cafe Espressebo 2nd season

邊讀書邊享用濾滴咖啡

店內的牆上陳列著各式各樣類型的書，從小說、繪本、歷史書到商務書刊。招牌料理是口感鬆軟的夏威夷鬆餅700日圓起。推薦搭配現磨咖啡500日圓、奶昔550日圓起。

☎082-258-2099 住広島市中区袋町8-14 ハイネス国泰ビルマンション1階奧 營12～22時（週四、週日到18時）休不定休 交廣島電鐵本通電車站步行5分 P無 MAP P114C2

1 標誌是牆上的縮畫
2 可以盡情讀書

廣島市中心 ● 人氣咖啡廳度過午餐時光

✤
巧克力蛋糕飲料套餐
918日圓

厚片吐司加上大量的濃郁起司。最適合當作簡便的午餐。

如果想吃下午茶
巧克力蛋糕飲料套餐972日圓

✤
每週更換菜色的定食
1100日圓

料理以和食為主。營養均衡，注重健康的人也會吃得很滿足

如果想吃下午茶
點心拼盤700日圓

中町
これくと ういず かふぇ

collect with cafe

使用Fire-King的餐具，值得關注！

咖啡廳附設的家具傢飾店販售karimoku60、MARUNI60等品牌，咖啡廳也使用商店販售的時尚品牌家具，料理和顏色柔和的餐具很搭配。

☎082-246-0995 ㊟広島市中区中町2~22 畳材ビル1F ⏰12~18時（週六、週日只接受包場）㊡週二 ㊋廣島電鐵袋町電車站步行4分 Ⓟ無 ⓂⒶⓅP115D2

1體驗家具使用起來的感覺
2吧檯座位也可以和店員聊天

榎町
ぷらまいな/せかんど

Pramaina/SECOND

女性會喜歡！有益身體健康的餐點

料理使用戶河內（廣島縣）產的蔬菜和少農藥米，分量十足且營養均衡。堅持手工製作全部的料理，也有可以外帶的商品。除此之外，也推薦自製的酵素飲料。

☎082 295 6636 ㊟広島市中区榎町11-4 ⏰11~18時LO※ランチは15時LO ㊡週一（週日不定期）㊋廣島電鐵本通電車站步行5分 Ⓟ無 ⓂⒶⓅP112A3

1店內氛圍就像在家裡一樣舒服 2也有販售每天早上現烤的烘焙點心

最近幾年，本通附近有結合茶專賣店、駕訓班等不同業種的複合式咖啡廳陸續開幕。

和高水準的甜點一起度過
市區散步的休息時間

廣島有嚴選食材的蛋糕和全世界都認可的名點心等，極品甜點相當豐富。
除了可以外帶，也有很多店家有提供內用的空間。

以當季水果製作
的奇布斯特

青蘋果
奇布斯特
520日圓
使用不同季節水果
的熱門商品。青蘋
果奇布斯特在1～4
月左右販售 A

濃厚但
後韻清爽

滿滿的
當季美味

當季水果塔
470日圓
放上大量當季水果的人
氣NO.1商品，酥脆的塔
皮也很美味 F

鬆軟、入口即化
的口感

草莓白金蛋糕捲
475日圓
入口即化的海綿蛋糕和
綿密的鮮奶油，兩者的
搭配非常出色 B

巧克力蒙布朗
583日圓
濃厚的巧克力海綿蛋
糕，加上大量蒙布朗
奶油 B

入口即化的甜點很受歡迎

銀山町

むっしむぱねん
MUSIMPANEN A

位於河畔的人氣法式西點咖啡廳。
嚴格挑選的食材，製作細緻的甜
點，很受好評。

☎082-246-0399 住廣島市中區銀山町
1-16 ◷10～20時 休週二 交廣島電鐵
銀山町電車站步行3分 P無
MAP P115F1

齊全的自然派蛋糕

鐵砲町

くらーくしーげる てっぽっちょっほんてん
CLARK SHIEGEL
鐵砲町本店 B

使用瀨戶內的當季水果、北海道的
牛奶、島根的受精蛋等嚴選食材。

☎082-502-0300 住廣島市中區鐵砲町
8-6 ◷9～19時(咖啡廳到18時30分LO)
休週一不定期 (需洽詢) 交廣島電鐵八丁堀
電車站步行2分 P無 MAP P112C2

蔬菜水果店獨有的甜點

本通

ふるーつかふぇにまる
Fruit Cafe TAMARU

創業至今60多年，是廣島縣最大的
蔬果店所經營的咖啡廳。使用當季
成熟水果製作的甜點很受歡迎。

☎082-249-8246 住廣島市中區本通
1-27 ◷10～20時 休不定期 交廣島電
鐵立町電車站步行1分 P無
MAP P115D1

不甜的
大人風甜點

味道令人懷念的奶油蛋糕

深受在地人喜愛的老店「長崎堂」，
奶油蛋糕常常在中午以前就賣完。中
型1200日圓。營業時間為9～15時30
分(售完打烊)。週日、假日公休。
☎082-247-0769 **MAP** P115D2

濃厚甘醇的味道
優雅地在嘴裡散開

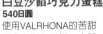

白豆沙餡巧克力蛋糕
540日圓
使用VALRHONA的苦甜
巧克力製作蛋糕，中間
夾著白豆沙餡和栗子 E

水果聖代
842日圓
填滿整個容器，新鮮水果
的甜味讓人忍不住陶醉 C

水果的甜味
令人感動！

絕妙的
獨特風味

薩赫蛋糕
378日圓
芳醇的可可香味在
口中散開來，奢侈
的口感。輕盈的蛋
糕味道也很高雅 D

新鮮莓果塔
500日圓
半熟起司慕斯加入肉桂調
味，上面放上3種莓果 F

熱騰騰的
現炸紅葉饅頭！

COLO紅葉
216日圓
14～18時限時段供應內
用。以高溫將裹上玄米
片的紅葉饅頭炸至酥脆 E

廣島市中心 ● 高水準的甜點

全世界都認可的名點心

堀川町
ばっけんもーつあると ちゅうおうどおりほんてん
BACKEN MOZART
中央通本店 D

店內陳列著薩赫蛋糕札起司歐姆蛋
等多種獲獎的知名點心。

☎082-241-0036 住広島市中区堀川
町5-2 ◷10時30分～21時（週五、六
到22時）休無休 ◉廣島電鐵八丁堀電車
站步行1分 ◵無 **MAP** P115D1

和風和西洋風的融合令人感動！

胡町
らく やまだや ゆいのいおり
RAKU 山田屋 結の庵 E

紅葉饅頭名店「山田屋（☞P41）」
所規劃的咖啡廳，使用札風食材的
新穎甜點，引發不少話題。

☎082-248-0090 住広島市中区胡町5-1
広島三越6階 ◷10時30分～19時30分（19
時LO）休不定期(準同廣島三越) ◉廣島電鐵
胡町電車站步行1分 ◵無 **MAP** P115D1

目標是簡單的甜點

新天地
まりお でざーと なみきどおりてん
MARIO DESSERT
並木通店 F

招牌甜點是放了大量富李水果的水
果塔和蛋糕捲。

☎082-544-4956 住広島市中区新天
地4-8 ◷11～21時（週五、六到21時
30分) 休無休 ◉廣島電鐵八丁堀電車站
步行4分 ◵無 **MAP** P115D2

雖然廣島的紅葉饅頭令人留下深刻的印象，但廣島其實是西點的激戰區，可以多吃多比較。

3間以料理&氣氛為傲的店家 保證給你一個美好的夜晚

難得的廣島之夜，如果想要享受美好的氛圍和美味的料理，
推薦到高雅的店家，享用其堅持使用當地食材的自豪料理。

1 玉之井宴席料理全餐3000日圓。有生魚片和烤魚等使用瀨戶內海當季食材的料理，共10道。可以搭配當地釀製的酒734日圓 2 入口的茶室風格2人座為獨立包廂，很受情侶歡迎 3 使用瀨戶內海野生肥美星鰻燒烤烤製的白燒星鰻1280日圓 4 可以用來宴客的下嵌式座位包廂

三川町

ゆざかや たまのい
湯酒屋 玉の井

居酒屋

**有當地的鮮魚和足湯，
可以享受到溫泉旅館的氛圍**

以「溫泉旅館的服務」為概念，設有足湯的居酒屋。穿過門簾、通過有圓點燈光的走廊後，就可以看見中庭的岩石足湯。店內座位全部為私人包廂空間，也有下嵌式座位的房間。食材有直接從市場直接進貨的天然星鰻和牡蠣等，可以享受到鮮度超群的料理。飯後可以泡足湯（免費）放鬆。

☎082-545-0123 住広島市中区三川町10-13 ⏰11時30分～14時、17～24時 休週日 交廣島電鐵八町堀電車站步行8分 P無 MAP P115D3

───── 還有這些料理 ─────
❖特製起司豆腐❖
650日圓
❖廣島牛檸檬牛排❖
1800日圓
❖現煮鯛魚土鍋飯❖
980日圓(2人份)

泡足湯放鬆

足湯的開放式空間充滿情調
包廂內都事先備妥了小木桶和手巾

約會餐廳推薦！
從市中心車程
20分的絕景
義大利料理餐廳

「Zona ITALIA」位於高台上，以可眺望到瀨戶內海和街景的景觀為傲。有自製的起司披薩、使用新鮮海鮮的正統義大利料理全餐2880日圓起，也有單品料理。
☎082-527-2311 MAP P110B2

幟町
りべろ
LiBERO 義大利料理

主題概念是
廣島義大利料理

理念為「重視當地的優質食材，製作只有這裡才能吃到的義大利料理」。全餐料理使用瀨戶內的海鮮和蔬菜等當地食材，有「Grazie mille」全餐4500日圓等等。20時以後也供應單品料理。

☎082-223-1122 住广岛市中区幟町10-14 宇佐川本館ビル1階 ◯12時～13時30分LO(只有週六・日・假日)、18～22時LO 休週二・每月第2週一 交廣島電鐵銀山町電車站步行3分 P無 MAP P113D2

······ 也有這些料理 ······
使用全日本特選食材的全餐
✢LiBERO全餐✢
8500日圓

■吧檯座位很適合一個人旅行用餐 ■綜合燒烤・廣島(照片前方)、和炙燒薄切生宮島星鰻(照片後方)等等 ■炭烤廣島產名古屋雞(照片前方)、高麗菜豬腳義大利寬麵(照片後方)等 ■ ■ 皆為全餐料理之一，照片為示意圖。也有很多客人喜歡碳烤料理和自製麵包

活用當地食材的義大利料理

幟町
てっぱんやき ざざ かじゅある だいにんぐ
鐵板燒 zaza Casual Dining 鐵板燒

在現代風的空間
盡情享用極品鐵板料理

供應鐵板燒的熱門店家，店内為巧妙使用間接照明的現代風空間。俐落的將黑毛和牛和新鮮海鮮燒烤完成，將鮮味濃縮成絕佳美味。融合了大阪燒和燒烤章魚的自豪zaza燒也不可錯過。

☎082-222-8883 住广岛市中区幟町15-9 藤本ビル2階 ◯12時～13時30分(只有週一～週五)、18～23時(週五・六・假日前日到24時) 休週日(週一逢假日則週一休) 交廣島電鐵銀山町電車站步行即到 P無 MAP P115E1

······ 也有這些料理 ······
✢國産牛菲力牛排✢
(100g)1480日圓

■招牌的zaza燒肉蛋麵條(烏龍麵)680日圓 ■zaza特製漢堡排980日圓(照片前方)，加上蘿蔔泥柚子醋醬油或牛肉醬汁一起吃。海膽西洋菜1280日圓(照片後方)

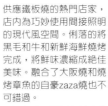

在時尚的空間内享用鐵板燒

有3組可以俯瞰路面電車景色的情侶座

廣島市中心 ● 3間以料理&氣氛為傲的店家

📖 其實廣島是義大利料理激戰區。義大利料理是活用多樣食材的料理，説不定最適合山珍海味都很豐富的廣島。

如果想享受悠長的夜晚
就到適合女性聚會的咖啡廳&酒吧

如果想盡情享受廣島夜晚，選擇可以當作咖啡廳的酒吧或夜晚咖啡廳最好！
在充滿舒適感的嚴選家具中，度過最棒的夜晚。

三川町

かふぇ せんとらる

Cafe Central

夜晚咖啡廳

散發著巴黎氛圍的時尚咖啡廳

寬敞的咖啡廳，店內無機質的空間讓家具顏色更顯得鮮艷。深夜還可以享用到使用當季食材的創意料理和甜點，這點也很令人開心。溫暖的季節推薦選擇露台座位。

☎082-246-0700 住広島市中区三川町2-3 INGビル1階 営15時～翌日1時(24時LO) 休無休 交廣島電鐵八町堀電車站步行5分 P無 MAP P115D2

①以粉紅色點綴的店內裝潢，令人印象深刻 ②也有寬敞的沙發座位 ③最適合拿來下酒的4種起司拼盤1000日圓

日本莫西多
1100日圓
新鮮的薄荷和萊姆特別清爽

推薦！甜點

焦糖濃厚起司蛋糕
500日圓

橋本町

ばー えと かふぇ ろぺら

Bar et Cafe l'opera

夜晚咖啡廳&酒吧

邊喝香檳邊盡情享受奢侈的時光

放著歌劇音樂的豪華空間，充滿非凡的感覺。除了以杯為單位販售的香檳和用心沖泡的咖啡以外，也有經典的雞尾酒調酒，可以在店裡度過優雅的時光。

☎082-212-0321 住広島市中区橋本町6-7 営17時～翌日2時(週日、假日到24時) 休無休 交廣島電鐵銀山町電車站步行3分 P無 MAP P113D2

①香檳套餐1600日圓(附小菜)以紅色和黑色為基調的優雅空間

白色含羞草
1600日圓
使用香檳調製的成熟風味調酒

附糖果、榮人郎糖果片及GODIVA巧克力的探索咖啡900日圓

咖啡也很講究！

① 有機蔬菜香蒜鰹魚熱沾醬1400日圓（照片前方）、水煮烏賊和鰹魚義大利麵1300日圓（後方）
② 氛圍特別好的吧檯座位很受歡迎

流川町
かふぇ すぱいす
cafe SPICE

自豪的義大利＆法式料理，皆使用從市場直接進貨的當季鮮魚和蔬菜，細心調理的豐富正統料理價格合理，甚至連附近的同業都很常去光顧。

☎082-246-7934 住広島市中区流川町1-6 ⏰18時～翌日3時（翌日2時30分LO）休無休 交廣島電鐵胡町電車站步行5分 P無 MAP P115E2

深夜都還能品嘗到絕品料理和甜點

夜晚咖啡廳＆酒吧

獨創雞尾酒
780日圓～
能應要求製作獨創的雞尾酒

推薦！甜點

微苦的烤布蕾
530日圓

廣島市中心 ● 適合女性聚會的咖啡廳＆酒吧

① 蕎麥粉製成的法式薄餅・當季蔬菜奶油培根和溫泉蛋920日圓（前方）、香蒜橄欖油煮鮮蝦560日圓（後方）② 排列著古董沙發的華麗空間

美式檸檬水
700日圓
紅酒的酸味和蘇打的爽快感非常搭配

推薦！甜點

焦糖濃厚起司蛋糕
550日圓

任何時刻都能前往的咖啡廳餐廳

夜晚咖啡廳

すず かふぇ
SUZU CAFE

寬敞的空間內，寬鬆地擺著大沙發和古董家具。供應自製的甜點和豐富的酒類，很受好評。

☎082-568-5455 住広島市東区若草町12-1 アクティブインターシティ広島2F ⏰11～24時（23時30分LO）休無休 交JR廣島站步行1分 P無 MAP P112B1

流川町
らぶ らいと
love light

酒吧

主題為「像在自己家裡一樣放鬆」的居家酒吧，設置了要脫鞋的床鋪空間和舒適的沙發座位等。只喝碳酸飲料也OK。

☎082-247-9009 住広島市中区流川町7-6 ⏰20時～翌日6時（翌日5時30分LO）休無休 交廣島電鐵胡町電車站步行8分 P無 MAP P115D2

在美好氣氛的空間內放鬆

亞歷山大
900日圓
溫潤的味道容易入口，很受女性歡迎

獨特的空間！

可以在店內後側的床鋪空間，好好放鬆

① 基爾酒1000日圓（左）、瑪格麗塔1000日圓（右）等等 ② 位於住商混合大樓1樓，位置較隱密，氣氛靜謐

📖 如果想要享受夜生活，推薦到有很多餐廳和酒吧的藥研堀＆流川通。2條街上都有很多名店和熱門店家。

重點看過來！

稍微走遠一些
到MAZDA博物館

可以學習到製車歷史和
技術的博物館。
(☞P105)

重點看過來！

到MAZDA球場看
棒球比賽！

在廣島東洋鯉魚隊的主
場，也能用各種方式觀
賞棒球比賽。(☞P104)

重點看過來！

在車站大樓盡情享受
知名美食&選購伴手禮

匯集了廣島燒等當地美食
和人氣伴手禮。
(☞P100·102)

廣島站周邊
就在這裡！

縮景園

廣島站

山陽新幹線

廣電本線

的場町

廣島MAZDA*
Zoom-Zoom
球場

廣島市現代美術館

比治山公園

廣島觀光就從這裡開始

廣島站周邊

ひろしまえきしゅうへん

伴手禮帶八
朔橘子果凍
如何？
(☞P103)

是這樣的地方

JR廣島站是廣島的玄關。前方有廣島電鐵
廣島電車站，廣島電鐵是市內觀光不可或缺
的交通方式。車站大樓內集結了可以品嘗到
當地美食的餐廳、伴手禮店等商店，旅行時
非常方便前往。廣島東洋鯉魚的主場，
MAZDA球場也在從車站步行就可到的範圍
內。

a c c e s s

●從廣島機場前往
搭乘直達的利木津巴士，
到JR廣島站新幹線口45分
●從宮島前往
從宮島口站搭乘JR山陽本
線到廣島站28分

洽詢
☎082-247-6738
廣島市觀光服務處
廣域圖 P111

～廣島站周邊 快速導覽MAP～

新幹線口是高速巴士的起訖站
各地來的巴士和機場的利木津巴士,起訖站都在這裡。

走愛友WALK直達球場
想要前往MAZDA球場,走愛友WALK很方便。

很多吸引人的火車便當!
車站大樓和車站內販售充滿廣島名產的火車便當。(☞P101)

0　　200m

往横川站
山陽新幹線
飛泉稻荷神社
往山陽本線
往山陽本線
HOTEL VIA INN廣島
栄橋
GREEN HOTEL
廣島站前
廣島日航
都市酒店
駅西高架橋
APA HOTEL・福屋
〈廣島站前〉

廣島念法寺
新幹線口
新幹線口(東)
・廣島
喜來登大飯店
廣島格蘭比亞大酒店

JR廣島站
(☞P100・102)

廣島站
廣島駅前
猿猴橋町

站前大橋
猿猴橋
駅前大橋南詰
猿猴橋南詰
的場町
的場町
的場町
的場町

荒神三差路
月胡
荒神橋
猿猴川

東區役所

廣島MAZDA Zoom-Zoom球場
(☞P104)

往東廣島站
往天神川站

登立的巨大高樓大廈
五十二層樓高的BIG FRONT廣島,是南口的新地標。

剛開幕就掀起話題的購物中心!
2017年開幕的EKI CITY HIROSHIMA,也有很多餐廳。

觀賞棒球比賽前先購物!
會員制超市costco位於球場旁邊。

宮地獄三柱月
大神神社

相生通
往銀山町
稻荷大橋
稻荷町
駅前道
廣島本線

大正橋

平和橋南詰

車站周邊分布著多間飯店
車站附近的飯店,不論觀光、購物都很便利。(☞P108)

段原一丁目
卍明泉寺
廣電皆實線
比治山通
卍山王神社
卍比治山神社
往比治山下
・廣島市漫畫圖書館

觀光的提要
車站的觀光服務處和置物櫃
觀光服務處位於JR廣島站南口1樓廣場,和新幹線口2樓廣場2處。投幣式置物櫃在1樓設有5處、2樓設有4處。

廣島站周邊

廣島格蘭比亞大酒店 ☞P.108
P.108 廣島喜來登大飯店
機場利木津巴士
計程車搭乘處

A 新幹線名店街
新幹線口
從新幹線口前往南口,可利用新蓋好的地上通路

廣島站
B 伴手禮街道
C 廣島車站大樓 ASSE
連絡通路
地下自由通路

南口
地下通路　新幹線票口

在這裡買伴手禮&吃美食

ひろしましんかんせんめいてんがい
Ⓐ廣島新幹線名店街
聚集了廣島伴手禮專賣店和名產美食商店。
☎082-263-6110 🚉JR廣島站新幹線口步行即到 🕐11～22時(伴手禮店為8時30分～20時) 🈺不定期 🅿無 MAP P112A1

おみやげかいどう
Ⓑ伴手禮街道
從紅葉饅頭到熊野筆,有齊全而豐富的廣島伴手禮。
☎082-263-6245 🚉JR廣島站新幹線剪票口 🕐7～20時 🈺無休 🅿無 MAP P112A1

ひろしまえきびる あっせ
Ⓒ廣島車站大樓 ASSE
車站內的商業設施。1樓聚集了許多伴手禮店,也有名產美食商店
☎082-567-8011 🚉JR廣島站南口步行即到 🕐因商家而異 🈺不定期 🅿80輛(收費) MAP 112B2

廣島車站直達的名產美食店家，地理位置方便，非常適合觀光或商務旅行！

車站周邊的廣島燒店家請看P54!

JR廣島站是廣島的玄關，站內或與車站直通的車站大樓內，有很多可以品嘗到瀨戶內海海鮮和當地美食的店家。

廣島站大樓 ASSE／6樓

牡蠣料理　あっせかなわ
ASSEかなわ

供應紮實而鮮甜的牡蠣

創業超過150年的牡蠣料理老店「かなわ」的分店。如果想要享用牡蠣，最推薦到「かなわ」，可以一次品嘗到各種牡蠣料理。此外，也可以品嘗到使用當季瀨戶內海海產的料理。

☎082-263-3296 住廣島市南區松原町2-37廣島車站大樓 ASSE6F ⏰11～22時 休不定期(準同廣島車站大樓ASSE) 交JR廣島站步行即到 Ｐ85輛 MAP P112B2

滿滿牡蠣餐
3564日圓
牡蠣蘋果焗烤、燻製牡蠣沙拉、炸牡蠣和牡蠣範等等，可以吃遍牡蠣料理的豪華菜色

在優雅的空間享用牡蠣大餐

廣島站大樓ASSE／2樓

海鮮料理　ごとうちかいせん なみへいきっちん
ご当地海鮮 波平キッチン

盡情享用瀨戶內的野生海產

主題為「吃遍瀨戶內！」，供應多種使用現撈海鮮的料理。除了常見的生魚片和壽司，也有香蒜橄欖油煮海鮮1296日圓等創意料理。每日供應便宜的和風午餐750日圓起至15時。

☎082-568-1108 住廣島市南區松原町2-37廣島車站大樓 ASSE2F ⏰11～22時30分 休不定期(準同廣島車站大樓ASSE) 交JR廣島站步行即到 Ｐ85輛 MAP P112B2

波平生魚片拼盤
1620日圓
最適合當第一道菜。每日更換食材，集約7種的當季鮮魚於一盤

也歡迎1個人的客人，氣氛活潑

廣島站大樓ASSE／6樓

和食　さかなさかなおばんちゃい
魚肴おばんちゃい

和當季料理　起乾杯

除了午餐和晚餐以外，也推薦給想要邊喝酒邊悠閒的享受宴會的人。每日更換菜色的料理432日圓起，使用大量當季食材，種類也很豐富。嚴格挑選的鮮魚生魚片品質也無可挑剔。

☎082-262-6411 住廣島市南區松原町2-37廣島車站大樓 ASSE6F ⏰11～22時30分 休不定期(準同廣島車站大樓ASSE) 交JR廣島站步行即到 Ｐ85輛 MAP P112B2

喝到飽全餐 4000日圓
飲料喝到飽的全餐，除了生魚片、料理拼盤，還有1道料理。限定2小時。2位起接受點餐

店家不論人數都接待，女性客人也很多

車站大樓內也可以吃到尾道拉麵

「三公」位於廣島車站大樓ASSE 2樓，是尾道拉麵的專賣店。尾道拉麵620日圓，清爽的湯頭和扁麵非常搭配。只有在車站大樓才能輕鬆享受到其他地區的美味。
☎082-262-1374  **MAP** P112B2

廣島車站大樓 ASSE／6樓

壽司 **すしどころ うおき**
寿司処 魚喜

鮮魚店直營店獨有的味道和價格

鮮魚店直營的店家，可以吃到用批發價市場直送的新鮮海鮮。除了壽司、生魚片和定食，也有豐富的單品料理。除了使用星鰻的料理，壽司和魚塊味噌湯組成的嚴島套餐1300日圓，也很受歡迎。

☎082-568-7215 **住**広島市南区松原町2-37ひろしま駅ビル ASSE 6階 **時**11~22時 **休**不定期（準同廣島車站大樓ASSE）**交**JR廣島站步行即到 **P**85輛 **MAP** P112B2

星鰻壽司（前方）3150日圓
煮星鰻握壽司（中央）1個300日圓等等
肉質厚實鬆軟的多數星鰻料理，都讓人讚嘆

除了吧檯座位以外，也有一般桌椅座位

新幹線名店街／1樓

沾麵 **ひろしまつけめんほんぽばくだんや しんかんせんぐちてん**
廣島つけ麺本舗ばくだん屋 新幹線口店

名產為當地麵、沾麵的名店

以廣島縣為中心的沾麵店，福岡和海外也有分店。將水煮高麗菜和小黃瓜等大量的蔬菜和麵，沾取醬汁一起品嘗，醬汁使用小魚等熬煮出的高湯湯底，加上秘傳的辣味醬油。

☎082-567-8360 **住**広島市南区松原町1-2 新幹線名店街1階 **時**11~22時 **休**不定期（準同廣島車站大樓ASSE）**交**JR廣島站步行即到 **P**無 **MAP** P112A1

廣島沾麵（普通分量）802日圓
中粗的直麵隊沾附麻辣醬汁。糖心蛋、爆彈飯糰（前方）各103日圓

有吧檯座位和一般桌椅座位

不要忘了火車便當！

車站內也販售各種可享受到廣島之味的火車便當，在回程的新幹線車上，配著旅行回憶一起享用！

夫婦あなごめし 1080円

使用了兩條星鰻的豪華便當，用秘傳醬汁燉煮入味的星鰻，肉質鬆軟美味。

☎082-261-1678（廣島站便當）
販賣地點 新幹線2樓剪票口內等

飯匙牡蠣飯 1080日圓

每年冬季限定發售的便當。容器作成宮島名產飯匙的形狀，獨特而可愛。

☎082-261-1678（廣島站便當）
販賣地點 新幹線2樓剪票口內等

清盛 瀨戶之彩便當1080日圓

便當內有章魚飯、蔥煮辣小沙丁魚等料理，使用與平清盛有關的瀨戶內海和廣島食材。

☎082-261-1678（廣島站便當）
販賣地點 新幹線2樓剪票口內等

 從廣島車站步行10分即到的MAZDA Zoom-Zoom廣島球場（P104），旁邊有準備開幕的複合設施「廣島Ball Park Town」。

車站大樓內採購廣島伴手禮 是旅途中最後一次機會！

就算忙著觀光，沒時間買伴手禮也沒關係！
從經典伴手禮到有個性的伴手禮，車站大樓一應俱全。

獨特的紅葉饅頭

包著特製紅豆餡
的金鍔燒風！
「BACKEN MOZART」的
金紅葉饅頭（原味、抹茶）
10個入　2322日圓
滿滿的顆粒紅豆、紅豆
泥餡等，搭配核桃製成
的特製餡料。新口感的
金鍔燒風紅葉饅頭❹

濃縮了瀨戶內的
天然食材！
「やまだ屋」的
藻鹽紅葉饅頭
8個入　1080日圓
使用獨特製法製作的紅
豆粉餡，加上上蒲刈島
的藻鹽，口感濕潤❶❷

冰涼美味的
新穎口感
「藤い屋」的
frais frais momiji
（起司3個、巧克力2個）
5個入800日圓
起司口味使用了新鮮濃厚
的奶油起司；巧克力口味
則是濕潤、入口即化的生
巧克力口感❶❷

和風融合西洋
新紅葉饅頭
「にしき堂」的
新紅葉饅頭
（瀨戶藻鹽巧克力＆柑橘
起司＆大崎上島檸檬）
8個入1140日圓起
和人氣烘焙坊「ANDERSEN」
合作。新穎的紅葉饅頭，吃
起來的口感就像蛋糕❶❷❸

廣島名點心＆甜點

「毛利氏也是客戶⁉」
的名點心
「龜屋」的知名點心
川通餅 15個入
680日圓
和菓子滑順的求肥餡料
內加入核桃，表面裹上
黃豆粉，芳香而味道樸
實❶❷❸

包裝高雅的
和菓子
「にしき堂」的
新・平家物語 6小盒入
770日圓
將蜂蜜蛋糕的切口做成十
二單衣的商品，包裝高
雅，最適合當作送給長輩
或上司的伴手禮❶❷❸

層層融化的
新口感！
「BACKEN
MOZART」的
鬆鬆軟軟紅葉饅頭
10個入　1728日圓
紅葉形狀的達克瓦茲蛋
糕，用現磨的杏仁粉和新
鮮的蛋白一起打發製成❷

懷念的
滑順布丁
「MARIO
DESSERT」的
廣島美味布丁
（昭和布丁）346日圓
布丁堅持使用廣島產
的牛奶和蛋等材料，
口感柔軟滑順，人氣
竄升中❶

在這裡可以買到

❶廣島車站大樓 ASSE **DATA** 參閱P99
❷廣島新幹線名店街 **DATA** 參閱P99
❸伴手禮街道 **DATA** 參閱P99
❹BACKEN MOZART 廣島站店
DATA ☎082-261-3050 ⏰8～21時 休無休 🚉JR廣島站南口即到 P無 **MAP** P112A2

「THE 廣島品牌」是什麼？

廣島特產品中品質特別優秀的認證，現在有食品「味之一品」和工藝品「匠之銘品」等認證。
☎082-504-2318
（廣島市經濟觀光局商業振興課）

瀬戸內的柑橘伴手禮

清爽溫和的甜味

「BACKEN MOZART」的稀少糖水果凍
1個 356日圓
由大自然孕育出的廣島水，加上清爽的瀬戸田檸檬製成的果凍❹

超現實的人物讓人無法移開目光

因島的八朔橘子果凍 5個入
1盒1080日圓
加了大塊八朔橘子果肉的清爽果凍，包裝上的人物也很受歡迎❶❷❸

一整顆廣島檸檬！

LEMOSCO 60g
432日圓
加入廣島特產檸檬和「海人的藻鹽」的辣味調味料，清爽的辣味和料理很搭配❶❷❸

※可能換包裝

也可以美容!?

家鄉檸檬
15g×6袋
195口圓起
以帶皮的整顆廣島產檸檬製成的粉末，一袋就有18顆檸檬的維他命C含量❶❷

在家也能輕鬆享用 "廣島之味"

可以做成廣島燒也能做成大阪燒

「御多福醬汁」的御好燒材料套組
1370日圓
只要備齊高麗菜、蛋和豬肉等材料，就可以在家製作御好燒的便利套組❶❷

讓食材更美味滋味溫潤的鹽

海人的藻鹽 30g
各464日圓
鹹味溫和的鹽，由瀬戸內海的海水製成，也有梅子鹽、胡麻鹽等，種類豐富❷

廣島名產！辣沾麵

「唐々亭」的沾麵
3份入　1080日圓
麻辣沾麵，吃的時候將富有彈性的麵，沾上添加了辣椒醬的高湯❷

濃縮了牡蠣的精華！

「アサムラサキ」的牡蠣醬油 150ml
300日圓起
添加了廣島牡蠣鮮味的極品醬油，曾獲得國際品質評鑑組織2010金獎❷❸

📖 有THE 廣島品牌認證的商品每年都在增加。2017年4月時食品、工藝品共計有76種。

棒球初學者也能愉快看球的 MAZDA球場

球場販售各種獨特的加油周邊商品，可以用各種方式看球，
也有適合約會或是團體一起看球賽的座位。

まつだ ずーむ ずーむ すたじあむ ひろしま

廣島MAZDAZoom-Zoom球場

讓廣島人都狂熱的
廣島東洋鯉魚隊的主場

廣島東洋鯉魚隊主場的棒球場，2009年開幕。針對個人、團體、情侶約會、派對等，設計各式各樣充滿玩心的觀眾席，可以享受到前所未有的看球樂趣。選手設計的食物和獨特的加油周邊商品也很豐富。

☎082-554-1000(廣島東洋鯉魚隊) 🏠廣島市南區南蟹屋2-3-1 🕐因比賽時間而異 🈺不定期 🚃JR廣島站步行10分 🅿只有比賽當天才有停車場 MAP P113F2

🈶 燈柱側的活動空間「河馬廣場」，很受小朋友歡迎
🈷 內外野皆為綠色的天然草皮 🈸 日本少見的左右非對稱球場

賣點為多種設計的觀眾席！

有7-11Logo的座位躺式座位

可以躺著看球的雙人座位，很受情侶歡迎。1位7000日圓。

近距離座位

可以和板凳選手用同樣的角度看球。正面1個位子8000日圓、內野1個位子6000日圓、外野1個位子4000日圓。

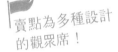

可口可樂造型的露台座位

附有桌子的座位，可以邊用餐邊悠閒的看球。1桌(可坐5～7人)22500～31500日圓。

鯉魚隊的球迷，可以逛逛這裡

八丁堀

かーぷべーすぼーるぎゃらりー

CARP BASEBALL GALLERY

充滿鯉魚隊的魅力

藝廊介紹了廣島東洋鯉魚隊創始到現在的歷史。只販售這裡限定的周邊商品，以海報、明信片為主。

☎082-227-2222 🏠広島市中區八丁堀6-7 チュリス八丁堀1階 🕐10～16時 (商店到17時) 🈺不定期 🚃廣島電鐵八丁堀電車站步行5分 🅿無 MAP P112C2

▲展示歷年來的獎盃和歷代制服 ▶印著人氣選手美袋的獨創海報1200日圓

加倍樂趣專欄
fumu fumu

可以學到汽車製造歷史
大人的社會課參觀學習

MAZDZ是廣島引以為傲的汽車製造商，生產了多數名車。
在總公司附設的博物館內，可以學習到汽車製造的歷史和過程。

廣島誕生的MAZDZ
現在已經成長為全球大企業

MAZDA是日本具代表性的汽車製造商，於大正9年（1920）創立為廣島縣內的「東洋CORK工業株式會社」。昭和6年（1931）開始生產公司的第一部汽車三輪貨車，昭和42年推出第一輛搭載堪稱MAZDA代名詞的

「轉子引擎」的汽車。近年來，考慮到環境永續發展，開發了潔淨柴油引擎和電動汽車等。除了汽車製造考量環境永續發展，也參與減少二氧化碳排放量活動等，致力於保護自然和社會貢獻。

喜歡車子的人務必要造訪

參觀時間
1小時30分

去「MAZDA博物館」看看吧

まつだみゅーじあむ
MAZDA博物館

實際感受MAZDA的魅力！

位於MAZDA廣島總公司境內，利用解說展板和實物，介紹MAZDA汽車的歷史、最新車款、汽車製造的過程及獨特的技術等，也可以參觀實際的汽車組裝。也有展示致力於環境保護和安全防護的次世代汽車和歷史車款等等。

☎082-252-5050 住安芸郡府中町新地3-1 P無 交廣島站搭乘JR山陽本線5分，於向陽站下車步行5分
MAP P111F2

參觀方法

可參觀的時間：平日13時30分後，需預約。（週六、日、假日和MAZDA公休日休館）
預約方法：網路或電話預約（電話預約時間為8時30分〜12時、12時45分〜17時）。參觀當天前2日為止，都可以在網路預約。
費用：免費

1 歷史展示

歷史車款大集合！

用展板和實物展示，介紹始於1920年代的公司和汽車的歷史。也有展示自動三輪車和曾經盛極一時的名車「R360」等歷史車款。

2 RE展示

介紹MAZDA自豪的轉子引擎

MAZDA是第一個成功量產轉子引擎的汽車製造商。在此介紹其技術，並展示贏得利曼24小時耐力賽的賽車。

3 U1組合產線

生產線就在眼前近距離參觀，氣勢十足！

可以近距離參觀汽車組裝的過程，是博物館內很受歡迎的區域。從旁邊的展望棧台可以將MAZDA專用碼頭一覽無遺。

4 未來展示

MAZDA提出的未來汽車社會構想

介紹為了打造下一個世代的汽車社會，而追求的環境和安全構想。可以看到搭載最新技術的車款和氫動力汽車等。

送給喜歡車子的他當伴手禮

博物館商店內有各式各樣的原創商品！

轉子引擎鑰匙圈
※參考商品

以象徵MAZDA的轉子引擎為概念的商品

棒球帽
※參考商品

簡單的棒球帽上有MAZDA的商標，有紅布、黃布邊2色
※商品有可能停止販售或售完

廣島站周邊●MAZDA球場【加倍樂趣專欄】MAZDA博物館

105

不妨到這裡走走

廣島市區的推薦景點

上幟町
ひろしまけんりつびじゅつかん
廣島縣立美術館

匯聚了超越時代、國家的作

收藏了5000件以上與廣島有關的藝術家作品。從免費開放的1樓主要大廳，可以看到旁邊的名勝「縮景園（P79）」。**DATA** ☎082-221-6246 住廣島市中區上幟町2-22 ¥所館藏作品展一般510日圓、大學生310日圓、高中生以下免費（特別展另計）⏰9～17時（入館到16時30分，週五有延長開館）休週一（逢假日、補休及舉辦部分特別展時則開館）交廣島電鐵縮景園前電車站步行1分 P47輛 MAPP112C1

號稱西日本最大的地板面積

展示雕刻的空間也十分寬敞

袋町
らいさんようしせきしりょうかん
賴山陽史跡資料館

可以窺見江戶時代廣島的資料館

歷史書「日本外史」影響了江戶末期到明治初期的人們，歷史資料館建於「日本外史」作者賴山陽度過青少年時代的地方。**DATA** ☎082-298-5051 住廣島市中區袋町5-15 ¥一般200日圓特別展另計 ⏰9時30分～17時（入館到16時30分）休曜週一（逢假日則開館）、有臨時休館 交廣島電鐵袋町電車站步行2分 P4輛（可停中型巴士）MAP P114C2

廣島站周邊
ひろしましげんだいびじゅつかん
廣島市現代美術館

美術館座落在綠意盎然的公園內

黑川紀章設計的建築，收藏、展示繪畫、雕刻到攝影、影像等廣泛的作品。**DATA** ☎082-264-1121 住廣島市南區比治山公園1-1 ¥館藏展370日圓（特別展另計）⏰10～17時（入館到16時30分）休週一（8月6日、逢假日則要平日休）交廣島電鐵比治山下電車站步行10分 P利用比治山公園停車場 MAPP113E3

流川町
つるがほんてん
つるが本店

用眼睛和舌頭享受的日本料理

店家供應的日本料理，除了可以品嘗到牡蠣、星鰻等海鮮，也加入當季食材。還能配合料理提供酒類的建議。主廚全餐5000日圓起，可以根據客人喜好變化菜色。**DATA** ☎082-543-5771 住廣島市中區流川町4-26 ⏰17～23時（22時30分LO）休不定期 交廣島電鐵胡町電車站步行5分 P無 MAPP115E2

本川町
よしもとにぎわいげきじょう
よしもとにぎわい劇場

觀賞人氣搞笑藝人的爆笑表演！

可以現場觀賞吉本興業廣島所屬搞笑藝人的漫才和短劇。公演日期等資訊請查詢吉本興業廣島的官方網站或推特。**DATA** ☎082-249-6223 住廣島市中區本川町2-1-13和光パレス21 5F（2017年11月將更換至別的會場）¥因活動、演出而異 ⏰休需洽詢 交廣島電鐵本川町電車站步行3分 P無 MAPP114A1

廣島站周邊
ひろしましまんがとしょかん
廣島市漫畫圖書館

任何人都可以閱覽的公立漫畫圖書館

收藏漫畫、漫畫相關的研究資料，以及與現代漫畫相關的繪卷物（複製品）等歷史資料。只要辦一下手續，就可以將館藏攜帶至附近的樹蔭下閱讀。**DATA** ☎082-261-0330 住廣島市南區比治山公園1-4 ¥免費 ⏰10～17時 休月曜、祝日的翌日、図書整理日など 交廣島電鐵比治山電車站步行10分 P利用比治山公園停車場 MAPP113E3

新天地
りうぁ
RIVA

享受瀨戶內的美味

使用廣島所產的食材，供應"新形態"的鄉土料理。這裡所推薦的「向艾曼紐致敬」全餐4200日圓（最晚須在前日預約），特色是能少量品嘗到各種料理。其他單品料理也很豐富，還能享受到廣島當地產的酒。**DATA** ☎082-545-5360 住廣島市中區新天地1-17 ⏰17～23時30分 休無休 交廣島電鐵八丁堀電車站步行3分 P無 MAPP115D2

廣島車站內
たかさごまる
高砂○

一起享受廣島燒和瀨戶內海的海鮮

提供廣島燒和以新鮮海鮮烹調料理等。推薦高砂套餐1980日圓，內含加了蝦子、烏賊、牡蠣、當地章魚等海鮮的鹽烤牡蠣，以及帶殼牡蠣，一次享受所有廣島名產美食。

DATA ☎082-263-0787 **住**廣島市南區松原町1-2 廣島駅新幹線口名店街1F **⏰**10時30分～22時 **休**不定期 **交**JR廣島站步行即到 **P**無 **MAP**P112A1

廣島站周邊
ごめんや
呉麺屋

一定要品嘗著有特別酸味&麻辣的呉名產

供應呉冷麺的麺店，特色是使用酸甜而有點麻的獨特辣味醬汁，加上口感滑順的扁麺。每日都營業至深夜，看完棒球比賽後、喝酒後想吃點東西也可以造訪。

DATA ☎082-262-0881 **住**廣島市南區松原町2-14 Carp Road旁 **⏰**11時～翌日2時 **休**無休 **交**JRJR廣島站步行5分 **P**無 **MAP**P113E1

本川町
めぞん らぶれ
MAISON RABELAIS

品嘗手工細心製作而成的甜點

販售使用嚴選食材製成的法式點心。以每週2～3次的頻率推出新口味蛋糕。外皮加上花生的泡芙「RABELAIS Shoux」162日圓，每日限定300個，有時甚至中午以前就會賣光。照片為巧克力慕斯410日圓。

DATA ☎082-292-5400 **住**廣島市中區本川町1-1-24 **⏰**10～20時 **休**不定期 **交**廣島電鐵本川町電車站步行即到 **P**2輛 **MAP**P112B3

廣島站周邊
にしきどう ひかりまちほんてん
にしき堂 光町本店

持續營業60年以上的紅葉饅頭店

紅葉饅頭老店的本店，廣島縣內有多間分店。店內販售所有商品，還可以試吃剛烤好的紅葉饅頭。事先申請就可以參觀附設的工廠（所需約1小時）。

DATA ☎082-262-3131 **住**廣島市東區光町1-13-23 **⏰**8～20時 **休**無休 **交**JR廣島站步行5分 **P**5輛 **MAP**P113E1

橋本町
ぶらんじぇりー101 ぶりお
Boulangerie101 BRIO

位於京橋川沿岸的可愛麺包店

麺包使用歐洲傳統製法，並加入自製的食材和醬料等，充滿原創性。從吃起來像甜點的丹麥麺包到鹹麺包等，約有80種類等，不知道選哪一種也是一種幸福。

DATA ☎082-222-8002 **住**廣島市中區橋本町5-7 **⏰**7～18時 **休**週日、假日 **交**廣島電鐵銀山町電車站步行3分 **P**無 **MAP**P113D2

立町
あかでみいしょてん かみやちょうしてん
アカデミイ書店 紙屋町支店

超珍貴的鯉魚隊周邊商品排排站

廣島具代表性的二手書店。店內擺滿與鯉魚隊相關的珍貴周邊商品，就算不是棒球迷也會看得入迷。照片是金本選手的一般球迷版球衣1萬日圓，現在也提供收購鯉魚隊周邊商品的服務。

DATA ☎082-247-8333 **住**廣島市中區紙屋町1-5-1 **⏰**10～20時 **休**無休 **交**廣島電鐵立町電車站步行2分 **P**無 **MAP**P114C1

前往廣島郊外的宇品、灣區！

前往廣島市郊充滿渡假村氛圍的宇品和灣區

みどりそよくおとなのうみまち ここだけもーるひろしままりーなほっぷ
綠とよぐ「大人の海マチ ココだけモール廣島MARINA HOP

從購物中心前往宮島的高速船也開始航行

內有遊樂園的大型購物中心。

DATA ☎082-503-5500 **住**廣島市西區觀音新町4-14 **⏰**10～20時（遊樂園）、11～23時（餐廳）※時間因設施、遊樂設施而異 **休**無休 **交**JR廣島站搭乘廣島電鐵巴士往觀音マリーナホップ37分，終點站下車步行即到 **P**1500輛 **MAP**P110C3

ひろしまべいくるーず ぎんが
廣島Bay Cruise 銀河

從廣島港到嚴島的水上遊覽船

可以享受到瀨戶內海的風景和料理，有多樣化的路線可供選擇。

DATA ☎082-255-3344（預約專用）**住**廣島市南區宇品海岸1-13-13 **⏰**路線而異，最晚須在前一日預約 **￥**預約時間9～19時 **休**週一、二 **交**宇品潛大樓的搭乘接待口從廣島電鐵廣島港電車站步行3分 **P**無 **MAP**P111D4

かきごや うじなてん
かき小屋 宇品店

引發日本全國流行的發源點

受全國歡迎的人氣かき小屋1號店，帶殼牡蠣1盤1080日圓，炭火費用324日圓。

DATA ☎080-1630-8970 **住**廣島市南區宇品海岸1（廣島みなと公園內）**⏰**10時30分～20時LO **休**不定期（かき小屋が每年秋季開張）**交**廣島電鐵廣島港電車站步行2分 **P**350輛 **MAP**P111D4

ここだけモール廣島晚上會有夢幻的夜間點燈。也很推薦於傍晚時分乘坐雲霄飛車或摩天輪，很浪漫。

廣島市區的飯店

飯店皆位於市中心或觀光地等地點，交通方便、服務完善，在飯店盡情享受舒適的住宿時光。

ひろしまぐらんどいんてりじぇんどほてる
廣島格蘭智慧飯店

充滿優雅而高貴感的飯店

飯店裝潢以中世紀的英國為概念，散發著沉穩的氛圍，很受女性歡迎。可以享受到當季的甜點。全部客房皆設有Wi-Fi，也提供有線網路服務，還設置了適合長期住宿的衣櫥。**DATA** ☎082-263-5111 🏠広島市南区京橋町1-4 🚇JR廣島站步行3分 🅿有預約停車場(收費) **MAP**P113E2 💰單人房6600日圓起、雙床房10500日圓起 🕐IN15時 OUT11時 ●客房180間(和室4間、和洋1間、西式175間)

ほてるぐらんうぃあひろしま
廣島格蘭比亞大酒店

直通JR廣島站新幹線口的飯店

設有中華、日式、西洋料理等餐廳和宴會場。客房皆為美國製獨立彈簧床墊、丹普的枕頭，提供舒適的睡眠品質。此外，全部客房皆可免費使用無線網路，最適合商務旅行時住宿。早餐有日式定食或自助式吃到飽，相當吸引人。**DATA** ☎082-262-1111 🏠広島市南区松原町1-5 🚇直通JR廣島站新幹線口 🅿480輛(收費) **MAP**P112A1 💰單人房17820日圓起、雙床房32076日圓起 🕐IN14時 OUT12時 ●客房407間(西式407間)

ほてるせんちゅりーにじゅういちひろしま
廣島21世紀酒店

很多女性會喜歡的設備

客房寬敞，設置兩個洗臉台等，針對女性推出貼心服務和各種住宿方案，顧客滿意度相當高。尤其是女性方案，除了附有「當季甜點&飲料」以外，只要加付費用就可以升級為大套房，很受歡迎。**DATA** ☎082-263-3111 🏠広島市南区的場町1-1-25 🚇JR廣島站步行5分 🅿30輛(收費) **MAP**P113E2 💰單人房5400日圓起、雙床房10800日圓起 🕐IN13時 OUT11時 ●客房75間(和室12、西式63間)

しぇらとんぐらんどほてるひろしま
廣島喜來登大飯店

實現了更優質的住宿體驗

從廣島站新幹線口步行1分即可抵達，到各個觀光景點的交通也很方便。客房面積皆在35平方公尺以上，非常寬敞，飯店內也有完善的高級SPA和健身房設施，如果想要享受更優質的住宿時光，一定選擇這間飯店。**DATA** ☎082-262-7111 🏠広島市東区若草町12-1 🚇JR廣島站步行1分 🅿無 **MAP**P112B1 💰國王單人房20000日圓起、雙床房20000日圓起 🕐IN15時 OUT12時 ●客房238間(西式238間)

ほてるじゃるしていひろしま
廣島日航都市酒店

包圍在綠意中的河畔飯店

飯店面對京橋川，從客房眺望出去的視野非常好，美到簡直不像是位於市中心。單人房床鋪使用雙床房床鋪的尺寸。1樓也有以開放氛圍為豪的義大利餐廳「Ristorante Fontana」(→P79·89)。**DATA** ☎082-223-2580 🏠広島市中区上幟町7-14 🚇JR廣島站步行5分 🅿16輛(收費) **MAP**P113D2 💰單人房12593日圓起、雙床房22572日圓起 🕐IN14時 OUT11時 ●客房127間(西式127間)

あーばいんひろしまえぐぜくていぶ
URBAIN廣島行政飯店

對女性服務周到、地點絕佳飯店

從廣島站步行3分即可抵達飯店。除了有將街景一覽無遺的高樓，也有設置女性樓層，飯店盥洗用具也很齊全，因此很推薦給女性。休息室24小時免費提供咖啡&飲料，更免費供應早餐，提供令人開心的服務。**DATA** ☎082-567-6600 🏠広島市東区若草町16-13 🚇JR廣島站新幹線口步行3分 🅿15輛(預約制、收費) **MAP**P113E1 💰單人房7200日圓起、雙床房12300日圓起 🕐IN15時 OUT11時 ●客房171間(西式171間)

ほてるあくていぶひろしま
HOTEL ACTIVE!廣島

地點便於廣島市內觀光

價格合理、氣氛時尚、服務細緻而受到歡迎。舒適的寢具，讓客人可以睡得安穩。提供免費早餐、免費Wi-Fi及網路等值得開心的服務。**DATA** ☎082-212-0001 🏠広島市中区幟町15-3 🚇廣島電鐵銀山町電車站步行即到 🅿9輛 **MAP**P113D2 💰單人房5550日圓起(不含稅)、雙床房8500日圓起(不含稅) 🕐IN15時 OUT10時 ●客房157間(西式157間)

💈有美容沙龍 🚭有禁菸房 ♨有大浴場 👤可單人入住

幌町
ちさんほてるひろしま
廣島知鄉酒店

有豐富的飯店盥洗用品可選擇
位於銀山町電車站前方，觀光和購物的交通都很方便。高級飯店盥洗用品包括入浴劑和乳液等豐富的產品可供選擇，女性都會感到開心。住宿費用再加1200日圓，就可以享用頗受好評的自助式早餐，也不可錯過。**DATA** ☎082-511-1333 住廣島市中區幌町14-7 交廣島電鐵銀山町電車站步行即到 P4輛（收費）**MAP** P115E1 Y單人房4700日圓起、雙床房7000日圓起 ⏰IN15時 OUT11時 ●客房170間（西式170間）

中町
ほてるほっけくらぶひろしま
廣島法華俱樂部飯店

以男女大浴場和自助式早餐為豪
位於廣島市中心，不論到辦公街還是到觀光景點，交通都非常方便。日式、西式自助式早餐，使用的都是當地產食材，堅持提供安全安心的餐點，很受好評。館內提供有線網路和Wi-Fi。**DATA** ☎082-248-3371 住廣島市中區中町7-7 交廣島電鐵袋町電車站步行3分 P60輛（收費）**MAP** P114C3 Y單人房8640日圓起、雙床房15120日圓起 ⏰IN15時 OUT10時 ●客房385間（和室1間、西式384間）

田中町
おりえんたるほてるひろしま
廣島東方酒店

享受優質的住宿時光
飯店由室內設計師所設計，十分講究，客房簡約現代的室內裝潢也很吸引人。早餐使用主廚嚴選的食材，令人滿足！飯店旁邊就是熱鬧的「流川通」，推薦給想悠閒享受夜生活的人。**DATA** ☎082-240-7111 住廣島市中區田中町6-10 交廣島電鐵八丁堀電車站步行8分 P54輛 **MAP** P115E3 Y單人房20000日圓起、雙床房27000日圓起 ⏰IN14時 OUT11時 ●客房227間（西式227間）

中町
えーえぬえーくらうんぷらざほてるひろしま
廣島ANA皇冠假日酒店

完善的服務帶來舒適的住宿時光
飯店有24小時的客房服務、菜色豐富的自助式早餐等，令人滿足。免費選擇枕頭和芳香精油等的服務，以及全館皆可使用的Wi-Fi系統，都很受好評。**DATA** ☎082-241-1111 住広島市中区中町7-20 交廣島電鐵袋町電車站步行1分 P80輛（收費）**MAP** P114C3 Y需洽詢（依當日狀況提供最合理的價格）⏰IN14時 OUT11時 ●客房409間（西式409間）●2014年2月新設置俱樂部休息室（有倶樂部樓層）

三川町
ひろしまとうきゅうれいほてる
廣島東急REI飯店

在廣島中心享受優質的住宿時光
位於廣島中心，面向平和大通的高級商務旅館。單人房使用140cm的床、雙床房使用120cm的床，可以放鬆的度過住宿時光。空間優雅舒適，不論是商務旅行或是觀光都很適合入住。**DATA** ☎082-244-0109 住広島市中区三川町10-1 交廣島電鐵八丁堀電車站步行8分 P25輛（收費）**MAP** P115D3 Y單人房7280日圓起、雙床房30240日圓起 ⏰IN15時 OUT10時 ●客房239間（西式239間）

基町
りーがろいやるほてるひろしま
廣島麗嘉皇家酒店

齊全的設備和優質的服務
飯店宛如廣島的地標，在位於頂樓33樓的餐廳酒吧，可看到絕美的夜景，飯店內也設有SPA和室內游泳池。位於市中心，前往觀光名勝或是熱鬧的市區都很方便。**DATA** ☎082-502-1121 住広島市中区基町6-78 交廣島電鐵紙屋町東電車站步行3分（廣島巴士中心1F）P100輛（收費）**MAP** P112B2 Y雙床房26136日圓起 ⏰IN14時 OUT11時 ●客房488間（西式488間）●全部客房皆可使用無線網路

中町
みついがーでんほてるひろしま
三井花園飯店廣島

2016年4月客房重新改裝完成
使用舒眠枕和講究品質的床墊，給客人們舒適的睡眠。25樓餐廳的全景餐廳景非常漂亮。此外，時尚氛圍的大廳內備有電腦，方便旅客查詢觀光資訊等，細心的服務也是其魅力。**DATA** ☎082-240-1131 住広島市中区中町9-12 交廣島電鐵袋町電車站步行5分 P16輛（收費）**MAP** P114C3 Y單人房17000日圓起、雙床房36000日圓起 ⏰IN15時 OUT11時 ●客房281間（西式281間）

大手町
ぱーくさいどほてる ひろしま へいわこうえんまえ
廣島和平公園酒店 和平公園前

最適合商務旅行、觀光的據點
飯店位於從平和記念公園步行3分即可抵達的地點，最適合當作觀光的據點。2010年1月全館改裝完成，單人房全部使用加大床鋪。以免費洗衣等豐富的服務和設備為豪。**DATA** ☎082-244-7131 住広島市中区大手町2-6-24 交廣島電鐵紙屋町東電車站步行5分 P10輛（收費）**MAP** P114B2 Y單人房5250日圓起、雙床房9200日圓起 ⏰IN15時 OUT10時 ●客房91間（西式91間）

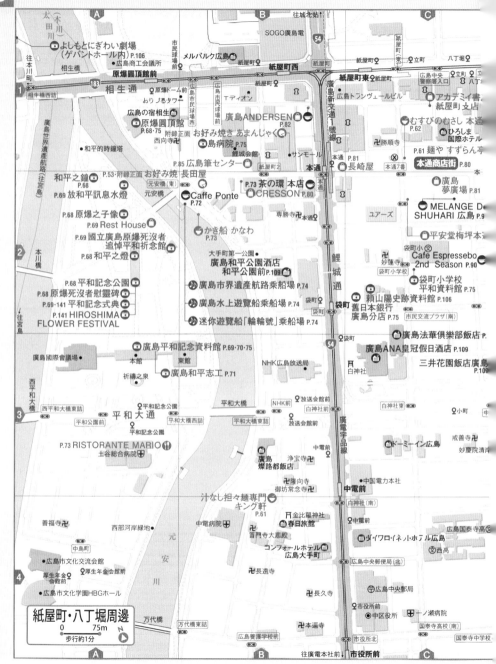

のますみ D 往白島

鉄ぱん屋 八丁堀
弁兵衛 P.52・附錄正面
八丁堀 P.109 廣島知郷酒店
八丁堀 八丁堀 胡町

八丁堀西 八丁堀 廣電本線 流川通北口 薬研堀通北
福屋八丁堀 八丁堀 広島三越 廣島三越店 P.85
P.141 胡子大祭 胡子神社 白鳳堂

Fruit Cafe TAMARU P.92 RAKU 山田屋
結の庵 P.93

P.93 BACKEN 八丁堀
MOZART 天満屋前
中央通本店 笑福 P.59

PARCO新館 瀬戸内料理 広起 P.58
堀川田通

MARIO DESSERT 川
並木通店 P.93
ARCO 広島 広島ワシントンホテル
ゼロゲート
GOT RIVA P.106
店 P.86 新天地 唐唐亭新天地店 P.60 P.106
お好み村 新唐吉徳
P.附錄正面 新天地交番前 元祖へんくつや総本店 P.51・附錄正面
otion お好み共和国 ひろしま村 P.55・附錄正面

Cafe Central P.96
並 新天地 本家村長の店 P.55・附錄正面
木 世羅別館
通 Hiroshima
P. Oysterbar MABUI並木店 P.57
86
中町1番 BAR BUNNY CAFE P.86

collect with cafe
P.91
広島リッチホテル 圓隆寺
並木通り とうか市前 ホテルトエニーエイト
ヒロシマ
長崎堂 P.93 廣島東急REI飯店 P.109

湯酒屋 玉の井 P.94
並木通り入口 富士見町 三川町
大通 田中町
廣島夢幻彩燈節 流川通り南口 田中町

cafe Citron P.87
HIROSHIMA FLOWER FESTIVAL P.141
小町7番

本照寺
お好み焼・鉄板焼 貴家 地蔵通本店 P.53・附錄正面
学院高
地蔵通 広島東署
RVEST P. 東警察署前
86 保健所前
金龍禅寺 保健所
林寺 もり 東警察署前
附錄正面 保健所前

kipfel. P.87
竹屋町西
竹屋町3番 D E 竹屋町

鉄板焼 zaza Casual E 往稲荷町 F 往廣島站
Dining P.95 銀山町 広島インテリジェント
弥生通北口 相生通 ホテルアネックス
銀山町 駅
銀山町電停 MUSIMPANEN P.92 前
柳橋こだに P.57 通
ホテル・パオ 柳橋
情熱鉄板! コートホテル広島 1
つけ麺 お好み焼き 川創 松川町
みんみん× 附錄正面
うどんの和 ホテルヴィアイン広島銀山町
ふみちゃん P.52・附錄正面 銀山町13番
徳栄寺 東廣島橋 比治山下
京
雜草庵 安芸 P.59 橋
cafe SPICE P.97 東広島橋南詰 川 2
石まつ三代目 P.58 平塚町
平塚町
つるが本店 たくちゃんの店 八紘 P.51・附錄正面
琴比良神社
八昌 P.50・附錄正面
お好み焼き 越田 P.53・附錄正面
love light P.97 興禅寺 順教寺 平塚公園
稲荷大祭 P.141 東平塚町
ボウル国際
廣島東方酒店 P.109 鶴見橋
東横INN広島平和大通 鶴見橋
鶴見町(西) 鶴見橋西詰 3
田中町
鶴見橋
鶴見町(西)

竹屋小
フジグラン広島

竹屋小学校南西
広島別院
宝町7番(北東)

昭和町 4
比治山橋
竹屋町1番 宝町 比治山橋西
昭和町(中) 昭和町

E F

往岩國 ☞P118

いわくに

多半日

在日本三大名橋之一的錦帶橋和城下町悠閒散步

錦帶橋是日本三名橋之一，也是城下町的標誌。架在壯觀的錦川上，和後方的大自然巧妙的融合在一起，可以近距離欣賞橋梁的高度組木工法。也散步逛逛與岩國城和藩主吉川氏有淵源的景點！

往吳 ☞P122

くれ

多半日

享受舊海軍景點和「海軍美食」

吳這個港口城市，曾因作為軍港而繁榮一時，「大和博物館」、「鐵鯨館」為2大人氣景點。也要嘗嘗使用舊海軍食譜的海軍美食。吳也是有名的外景拍攝地（☞P140），因此也很推薦延長觀光時間，參觀各外景拍攝地。

往安藝灘飛島海道～御手洗

あきなだとびしまかいどう～みたらい

多半日

☞P15·128

經由爽快的路線，前往等待潮汐改變的港—御手洗

安藝灘飛島海道是以7座橋將5個島連接起來的道路，也是可以輕鬆進行島嶼旅行的人氣路線。御手洗接近其終點處。御手洗是江戶時代作為等待潮汐改變的港，曾繁榮一時，不僅是有歷史的港口城市，也是和平清盛有淵源的景點。

往西條 ☞P130

さいじょう

多半日

喜歡酒的人一定要去過一次

西條因為和伏見、灘並稱酒之都而聞名。坐落於「酒藏通」上的酒廠，設有觀光酒廠、商店、咖啡廳等，可以享受釀酒廠巡禮。也不要忘了酒都獨有的商店和活動。

往竹原 ☞P132

たけはら

多半日

富有情趣的「安藝小京都」

江戶時代發展製鹽業和釀酒業的城市。「町並保存地區」保留了當時的街道建築，可以參觀風情洋溢的住宅等。和竹子有關的活動也很受歡迎（☞P141）。

從廣島市區、宮島稍微走遠一些
到充滿特色的熱門觀光地

在廣島市區和宮島觀光後，
推薦隔天可以造訪周邊的觀光地，
有充滿情調的老城市、聚集了釀酒廠的城市、
海軍有關的景點及歷史悠久的港口都市等等，
可以依自己的喜好選擇。

通過優美的錦帶橋
到岩國城下町散步

從**廣島站**
搭乘電車＋巴士
1小時10分

岩國城下町以日本三名橋之一的錦帶橋聞名。
錦帶橋周邊有與岩國城、藩主吉川氏相關的景點等眾多歷史觀光地。

岩國是
什麼樣的地方？

江戶時代作為吉川氏6萬石的城下町，曾繁榮一時。除了地標錦帶橋，還有岩國城、武家屋敷等，城市保留著多數歷史性建築，可以在富有情緒的街道悠閒散步。

交通資訊

電車、巴士：從廣島搭乘JR山陽本線50分到岩國站，在岩國站搭乘往錦帶橋、新岩國站方向的岩國市營巴士20分，於錦帶橋站下車即到錦帶橋

開車：從山陽自動車道岩國IC經國道2號、縣道112號，到錦帶橋約5.5km

洽詢
岩國市觀光振興課☎0827-29-5116
岩國市觀光協會☎0827-41-2037

廣域圖 附錄背面A5

從岩國城或空中纜車往下看，可以看到錦帶橋和街道的美景。

範例路線

所需時間 2 小時

> 巴士站錦帶橋
▼ 步行即到
> 錦帶橋
▼ 步行8分
> 吉川史料館
▼ 步行2分＋岩國城空中纜車3分＋步行5分
> 岩國城
▼ 步行5分＋岩國城空中纜車3分
> 白蛇橫山觀覽所
▼ 步行10分
> 巴士站錦帶橋

きんたいきょう
❶錦帶橋

技藝超群的5連拱木造拱橋

錦帶橋是跨越錦川，全長193.3m的5連拱木造拱橋。在延寶元年（1673），由岩國藩三代藩主吉川廣嘉所建，是日本三名橋之一。從2001年開始，耗時3年的「平成改建」也使用傳統組木技法，特別是橋的裏側，很有魄力的構造之美讓人不禁看得入迷。錦帶橋除了是知名的櫻花名勝，秋季的紅葉等四季不同景色也很美麗。請參閱P121

☎0827-29-5116（岩國市觀光振興課）
🚩岩國市岩国・橫山 💰上橋費用300日圓
🕐自由參觀 🈺無休 🚌巴士站錦帶橋步行即到 🅿錦帶橋下河原停車場500輛（旺季、週六、日、假日收費）

❶日本全國少見的5連拱橋，因此被指定為國家名勝 ❷也有充滿情調的屋形船（P121）

+ きっかわしりょうかん
❷吉川史料館

收藏舊藩主吉川家的資料

收藏了約7000件和吉川家有關的歷史文獻和武術工藝品，每年更換4次的展覽，依序公開展示文物。史料館正門的「昌明館附屬屋長屋門」，是第七代藩主的隱居宅邸，在寬正5年（1793）建造，現在也被指定為市有型文化財。

☎0827-41-1010 🏠岩国市横山2-7-3
💴500日圓 🕘9～17時（入館到16時30分）
🈺週三（逢假日則翌日休）🚌巴士站錦帶橋步行10分 🅿24輛

約2500件館藏品被指定為國家重要文化財

```
A  ③岩國城        ↑往新岩國站    B
山頂站                        岩國
          岩國城空中纜車   0  150m N
                          步行約2分
          城山花菖蒲園    ↑往岩國IC
1                                 1
          吉香神社     (114)   錦    岩國市
          山麓站        2
  岩國美術館
  岩國白蛇之館 ④        ②吉川史料館  川
    旧目加田家住宅
                            錦城橋
  洞泉寺          吉香公園
  佐々木屋小次郎商店    ②錦帶橋鸕鶿捕魚 P.121
  P.119         ②橋の駅 錦帶橋 錦帶茶屋
  錦帶橋春秋遊覽船乘船處    平清 P.120      P.119
2 P.121   P.118・121 錦帶橋 ①      妙覺院
                          錦帶橋    椎尾八幡宮  2
                    ②よ志だ本店 P.120
  近乃森稻荷神社  ♱法眞寺      西郵局  新  岩國小
          元祖岩国寿司の宿
          三原家      P.120
A    ↓往川西  ↓往川西   B
```

+ いわくにじょう
❸岩國城

聳立於山頂的岩國名城

於慶長13年(1608)，由初代岩國藩主吉川廣家所築。錦川為外護城河，建於海拔約200m的山頂，完成後僅8年就因為一國一城令被拆除。現在的天守閣為昭和37年（1962）重建的，桃山風南蠻造的樣式十分美麗。從天守閣可以將城下町和錦帶橋一覽無遺。

☎0827-41-1477（錦川鐵道岩國管理所）🏠岩国市横山 💴260日圓 🕘9時～16時45分（入館到16時30分）🈺空中纜車檢修日（需洽詢）🚌岩國城空中纜車山頂站步行8分 🅿錦帶橋下河原停車場500輛（旺季、週六、日、假日收費）

天守閣展示書畫、刀劍等作品

+ いわくにしろへびのやかた
❹岩國白蛇之館

向白蛇祈求財運高昇！

「岩國白蛇」非常罕見，也被指定為國家天然記念物，岩國白蛇館則為飼育、展示白蛇的設施。完全發育成熟的白蛇約長180cm、粗15cm，眼鏡像紅寶石一樣紅，全身散發著白色的光澤，非常神秘。岩國白蛇是日本錦蛇的變種，沒有色素細胞，無法藉由遺傳產生。傳說岩國白蛇是商業繁盛和開運守護神，因此自古以來就受人們喜愛。

☎0827-35-5303 🏠岩國市横山2-6-52
💴大人200日圓、小孩100日圓 🕘9～17時 🈺無休 🚌巴士站錦帶橋步行10分 🅿市營停車場40輛

白蛇性格穩定、成熟

☕ 小憩片刻

はしのえききんたいきょうきんたいぢゃや
橋の駅 錦帶橋 錦帶茶屋

商店販售當地觀光伴手禮，在茶屋則可以邊眺望錦帶橋，邊享用鄉土料理，兩者都很受好評。推薦岩國壽司茶套餐1080日圓。

☎0827-43-3630 🏠山口県岩国市岩国1-1-42 錦帶橋バスセンター2階 🕘9時30分～18時 🈺無休 🚌巴士站錦帶橋即到 🅿錦帶橋下河原停車場500輛 ⓂⒶⓅP119B2

ささきやこじろうしょうてん
佐々木屋小次郎商店

平日供應30種霜淇淋的熱門店家。普通甜筒280日圓起、餅乾甜筒380日圓。也有人力車觀光導覽5分1000日圓起。

☎0827-41-3741 🏠岩国市横山2-5-32 🕘9～18時 🈺無休 🚌巴士站錦帶橋步行5分 🅿無 ⓂⒶⓅP119A2

 JR岩國站觀光服務所有販售划算的「共通套票」1940日圓，包含錦帶橋、岩國城空中纜車、岩國城入場費用。

午餐想吃
名產美食「岩國壽司」

岩國壽司是岩國冠婚喪祭中,不可缺少的鄉土料理。
由岩國藩主吉川氏命令廚師研發,是很有歷史的料理。

午餐料理
(全預約制)
1080日圓起

がんそいわくにすしのやど みはらや
元祖岩国寿司の宿 三原家
預約享用老店的傳統味道

從江戶時代至今,經營超過300年的岩國壽司元祖。持續守護創業當時的傳統味道,岩國壽司以較甜的醋飯加上魚肉泥混合而成。加上星鰻、綠紫蘇、蛋絲等增添色彩。

☎0827-41-0073 住岩國市岩國2-16-6 營全預約制 休無休(有臨時公休) 交巴士站錦帶橋步行5分 P10輛 MAP P119B2

1 岩國壽司也可以外帶(全預約制)
2 據說在江戶時代,初代三原家將岩國壽司獻給藩主

什麼是岩國壽司?
木框中鋪上醋飯,上面再放上蛋絲、岩國蓮藕、星鰻等配料。重複數次後,再蓋上蓋子加壓做成押壽司,切開時呈現美麗的斷面。

岩國
壽司定食
1728日圓

よしだほんてん
よ志だ本店
鄉土料理定食很受歡迎

日本全國的百貨公司都爭相邀請開設分店的名店。其中很受歡迎的岩國壽司定食,除了岩國壽司,還附有稱為「大平」的鄉土料理和烏賊細麵等料理。推薦給想一次享受岩國味道的人。

☎0827-41-0373 住岩國市岩國1-16-9 營10～14時(晚上若有預約則營業) 休週三 交巴士站錦帶橋步行3分 P7輛 MAP P119B2

1 帶有微微甜味的醋飯,和岩國蓮藕、小鱚魚、星鰻很搭配
2 在沉穩的氛圍中,享受店家自豪的鄉土料理

じゃのめご膳
1700日圓

ひらせい
平清
眺望錦帶橋並享用美味料理

套餐和定食種類豐富,使用岩國名產蓮藕和瀨戶內海鮮魚。其中,「蛇之目膳」可品嘗到炸岩國壽司夾岩國蓮藕等,特別受歡迎。也可以外帶岩國壽司,請務必來嘗嘗。

☎0827-41-0236 住岩国市岩国1-2-3 營11～14時、17～20時LO 休週二 交巴士站錦帶橋步行1分 P無 MAP P119B2

1 供應豐富的岩國菜色,講究食材的料理
2 位於錦帶橋對面,從店內的窗戶可眺望錦帶橋

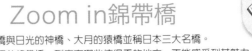

日本三大名橋之一
Zoom in錦帶橋

錦帶橋與日光的神橋、大月的猿橋並稱日本三大名橋。
了解橫跨錦川的優美錦帶橋,到底有哪些值得看的地方,更能感受到其魅力。

注意看其獨特的拱橋構造

近距離觀看全長約200m的壯大感和曲線之美,更有魄力!
中央三連拱橋的部分,使用了其他地方看不到的工法,不可錯過。

橋梁內側是由數量龐大的木頭所組成的精細構造,令人驚嘆高度的建築技術。維修時都會再進行改良,天和3年(1663)追加了稱為「鞍木」的V型補強木材。

橋墩下方鋪上石頭,以防止河床侵蝕

壯麗的錦川和背景翠綠的山脈,讓錦帶橋更顯奪目,規模之大令人震懾!

使用傳統工法的平成改建

2001~2004年之間,公開進行木造部分的全面施工工程「平成改建」。採江戶時代傳統的組木工法,使用約2萬棵樹齡達150年左右的粗木。

利用改建工程廢棄木材製成吊飾540日圓(下)、杯墊1080日圓。於錦帶之休息站錦帶橋展望市場販售
(MAP P119B2)

優美和力量兼具的五連拱橋

錦帶橋於延寶元年(1673),由岩國藩三代藩主吉川廣嘉所建。在此之前,岩國藩也曾多次建造橋梁,但都在水位上漲時被沖垮。因此「不會被沖垮的橋梁」也是全岩國藩的願望。傳說吉川廣嘉在思考如何才能建造不被沖垮的橋梁時,讀了中國書籍「西湖遊覽志」,從插畫中連接島嶼的橋,獲得錦帶橋的設計構想。於是,他在河川中設置了像小島一樣的橋墩,建造出5個拱型相連的橋。雖然8個月後橋依舊被大洪水沖垮,但也查明原因並改良再建。276年間都屹立不搖,直到昭和25年才被洪水沖毀。昭和28年(1953)再次重建後,經過2004年的改建工程到現在,即使有部分改建,也未曾改變過堪稱高度組木技術的木造5連拱構造。以大自然為背景的連拱橋,不只看起來美麗,在構造力學上也是非常優秀的橋梁。

也不要忘了期間限定的活動

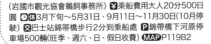

きんたいきょうはるあきのゆうらんせん
錦帶橋春秋遊覽船

可以眺望錦帶橋周邊四季不同的景色。也有可以享受美味餐點的包租遊覽船(8人以上)。☎0827-28-2877(岩國市觀光協會鵜飼事務所) 💴乘船費用大人20分500日圓 🕐3月下旬~5月31日、9月11日~11月30日(10月停駛) 🚌巴士站錦帶橋步行2分到乘船處 🅿錦帶橋下河原停車場500輛(旺季、週六、日、假日收費) MAP P119B2

きんたいきょうのうかい
錦帶橋鵜鶿捕魚

鵜鶿捕魚是約有400年的歷史傳統漁法,由漁匠從船上操控鵜鶿捕捉香魚。在6月~9月10日舉行,從遊覽船上(參閱左記)可以近距離觀賞。☎0827-28-2877(岩國市觀光協會鵜飼事務所) 🕐6月~9月10日的19~21時 🅿錦帶橋下河原停車場500輛(旺季、週六、丁日、假日收費) MAP P119B2

曾經繁榮一時的軍港城市
遊覽吳的舊海軍相關景點

從廣島站搭
電車約30分

大和博物館展示魄力十足的文物，非常受男女老幼歡迎，
除了大和博物館，還有各式各樣的海軍景點，例如電視劇外景地的紀念館等。

吳是什麼樣的地方？

吳曾經是繁及一時的軍港城市，以
戰艦「大和」為首的多數軍艦皆在
此處下水。現仕，除了有很多和舊海
軍有關的景點，港口也停泊著海上
自衛隊的潛水艦等船艦，可以看到
獨特的景觀。也不可錯過重現舊海
軍食譜的海軍美食（☞P126）。

交通資訊

🚃 電車：廣島站搭乘JR吳線快速到吳站約30分
🚗 開車：廣島吳道路（クレアライン）吳IC經一般道路到吳車站周邊約1km
洽詢 吳市觀光振興課 ☎0823-25-3309
廣域圖 附錄背面E4

從大和博物館4樓的展望台，眺望出去的吳港

範例路線

所需時間 3 小時

JR吳站

▼ 步行5分

大和博物館

▼ 步行1分

鐵鯨館

▼ 巴士站中央棧橋（大和ミュージアム前）搭乘「くれたん」で10分

アレイからすこじま （巴士站潛水隊前）

▼ 搭乘「くれたん」7分

吳市入船山記念館 （巴士停入船山公園）

▼ 搭乘「くれたん」7分

JR吳站

やまとみゅーじあむ/てつのくじらかん
❶大和博物館/
❷鐵鯨館

比較科學技術

「大和博物館」展示十分之一尺寸
的戰艦「大和」，以及實際的零式
戰機。「鐵鯨館」則介紹了海上自
衛隊的活動，並且可進入潛水艦
「あきしお」內參觀。

DATA 參閱P124‧125

❶戰艦大和的模型就算只有實體的十分之一的
大小，氣勢也很驚人！（大和博物館）❷全長達
76m的潛水艦「あきしお」（鐵鯨館）

\「くれたん」でめぐりましょう/

くれたんぼうるーぷばす「くれたん」
吳探訪循環巴士「くれたん」

※圖片現在
行駛中的巴士
外觀不同

JR吳站為巴士的起點和終點站，
連接市內中心區域的人氣觀光景
點。1日乘車券可自由搭乘循環巴
士和路線巴士（限定區域），也
有觀光設施的折扣優惠等。

☎0823-23-7845（吳觀光情報廣場）¥搭乘
1次160日圓，1日乘車券400日圓 休週
六、日、假日的9時～16時30分（吳站發車班
次）、1日10班（8月11日～16日和12月30日
～1月3日停駛）

P.127 P.125 P.123 P.127 P.126 P.127 P.124 P.126 P.126

---

❸アレイからすこじま

あれいからすこじま

浮在水面的潛水艦魄力滿點

公園內停泊了海上自衛隊的潛水艦和護衛艦，是日本國內唯一可以近距離觀看潛水艦的公園。周邊有很多舊吳海軍工廠的磚造建築，氛圍讓人想起吳曾經是海軍的總部，當時，附近的碼頭也秘密製造了戰艦「大和」。軍港時代吳港用來放魚雷的起重機，現在則成了紀念物。

☎0823-23-7845(吳觀光情報廣場) 🏠吳市昭和町 ¥🕙🈂自由參觀 🚃JR吳站搭乘吳探訪循環巴士「くれたん」15分，於潛水隊前下車，步行1分 🅿41輛

從散步道可以眺望到潛水艦和起重機

---

❹吳市入船山記念館

くれしいりふねやまきねんかん

分布著明治時代風情的設施

位於入船山公園內的資料館。以參考明治38年（1905）資料復元的舊吳鎮守府司令長官官舍為中心，鄉土館、歷史民俗資料館（近世文書館）等，都展示了吳的鄉土史料和舊海軍資料。舊吳鎮守府司令長官官舍有貼了金唐紙的豪華洋館部，非常值得一看。客房和食堂也是電視劇「坂上之雲」的拍攝地點。

☎0823-21-1037 🏠吳市幸町4-6 ¥250日圓 🕙9～17時 🈂週二(逢假日則翌日休) 🚃JR吳站步行13分 🅿122輛

舊吳鎮守府司令官舍是日本國家重要文化財

吳 的 定 買 伴 手 禮

福住

ふくずみ

現炸的名產炸蛋糕80日圓。酥脆的蛋糕內著著大量甜味淡雅的紅豆泥。因為已經油瀝乾，味道比外觀清爽。

☎0823-25-4060 🏠吳市中通4-12-20 🕙10～19時(售完打烊) 🈂週二(逢假日則翌日休) 🚃JR吳站搭乘廣電巴士天應川尻線等5分，於本通3丁目下車，步行3分 🅿無 **MAP**P123C1

巴屋本店

ともえやほんてん

招牌商品最中餅冰淇淋100日圓，重現戰後受到眾人喜愛的樸實「冰淇淋」風味。車站前和本通等市內各地都有分店。

☎0823-21-5551 🏠吳市中通4-8-19 🕙8～14時 🈂無休 🚃JR吳站搭乘廣電巴士天應川尻線等5分，於本通4丁目下車，步行3分 🅿無 **MAP**P123C1

📖 也是電影「海猿」、「男人們的大和／YAMATO」的拍攝地。在吳觀光情報廣場也能看到地圖等資訊。

前往很受歡迎的
大和博物館&鐵鯨館

「大和博物館」有尺寸為實體十分之一的「大和」戰艦，
與附近的「鐵鯨館」並列為吳的兩大熱門景點。

やまとみゅーじあむ
大和博物館

「大和」戰艦的強大魄力和造船技術令人感動

展示當時世界最大戰艦「大和」的模型，尺寸為實體的十分之一，以及實際的零式戰機。除了以軍港聞名的吳的歷史、造船、製鋼等「科學技術」，也有科學體驗區，誰都能在這裡找到樂趣的設施。

☎0823-25-3017 住吳市宝町5-20 ¥600日圓 ⏰9～18時 休週二（逢假日則翌日休，4月29日～5月5日、7月21日～8月31日、12月29日～1月3日無休）P285輛（收費）交JR吳站步行5分 MAP P123A2

要了解吳的歷史就不可不來這裡！

巨大魄力的「大和」戰艦
全長26.3m、寬約3.9m的戰艦「大和」模型，為實際尺寸的十分之一。參考照片、設計圖、沉入九州西南方大海的影像等，盡可能詳細的重現原本的戰艦。

▲擁有最新的體感型大型影像系統

3樓 大和劇場
透過315cm的大螢幕，觀賞充滿魄力的影像

1樓
大和廣場
一進入館內，就能看到寬敞的空間展示著具有象徵性的「大和」戰艦！從3樓可以看到全體構造。

▶在「挑戰航行」區域，可以體驗操縱船的感覺

▲在「積木遊戲」區域，可以使用積木了解現在和以前的造船方法差異

1樓
大型資料展示室

展示了日本唯一1架的零式艦上戰鬥機六二型，和人間魚雷「回天」等實體物。

▼零式戰機是昭和53年從琵琶湖撈上來的

3樓
3樓
休息區
眺望露台
實驗工作室「造船技術」展示室

博物館紀念品店
參觀民眾入口
綜合服務處
展示棧台 往3樓
「吳的歷史」展示室
大型資料展示室
各種砲彈
大和廣場
戰艦「大和」
往大型資料展示室
零式艦上戰鬥機六二型
特殊潛航艇「海龍」
人間魚雷「回天」
1・2樓

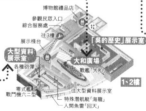

3樓
「造船技術」展示室

藉由造船技術的獨特實驗等，體感科學的區域，很受歡迎

想帶回家的伴手禮

嬰兒用水手服
3240日圓
有3個尺寸，適合0～4歲的幼兒
SHOP 大和博物館

船錨吊飾
各1080日圓
可以當作包包的吊飾
SHOP 大和博物館

吳大和彈珠汽水
2入套組432日圓
曾受船員歡迎的懷舊飲料
SHOP 大和博物館

▲船員的三層床鋪，每一層僅有40cm高，可以實際躺躺看

◀在潛水艦中，晚上會使用紅色燈光以區分白天和晚上。餐廳讓旅客體驗在紅色燈光中享用餐點的感覺

參觀後在咖啡廳小憩片刻

「SEASIDE CAFE BEACON」位於大和博物館境內，供應海軍咖哩BEACON風1000日圓等只有吳才有的料理。還可以眺望到吳港。
☎0823-23-6000 **MAP** P123A2

3樓 活躍的潛水艦……

除了介紹潛水艦的歷史和功能以外，也忠實重現了船員在艦內的生活空間。

3樓 潛水艦的活躍

什麼是潛水艦｜潛水艦的功能
海上自衛隊・實訊站｜艦內生活
｜潛水艦｜潛水艦行走之路
艦內的救難｜魚雷的變遷
潛水艦有哪些威脅｜「あきしお」內部

2樓 掃雷艇的活躍

機雷的種類和技術｜掃雷艇掃雷
掃雷的歷史｜國際貢獻｜直升機掃雷
｜掃海甲板理解｜掃雷艇的構造和機能
掃雷艇的種類和變遷

1樓 海上自衛隊的歷史

多目的室
現在的海上自衛隊｜海上自衛隊的歷史

▲掃雷工具之一「浮標」，表情圖案是由船員手繪的

2樓 掃雷艇的活躍

介紹去除海中水雷的「掃雷」活動，也展示掃除工具水雷和機器人。

日本唯一！實體潛水艦展示
巨大潛水艦「あきしお」長76.2m、基準排水量2250t，是1986年到2004年間服役的潛水艦，全日本只有這裡才展示於陸地上的實體潛水艦。

1樓 海上自衛隊的歷史

以影像和展示板介紹相關歷史，包括從（1889）明治22年設置舊海軍鎮守府到現在。

▲認識與吳有深厚淵源的海上自衛隊的歷史背景

3樓 潛水艦「あきしお」內部

有船員的生活空間、排列著機器的司令處、操舵席等，充滿有趣的看點。

◀白天、夜晚用的潛望鏡，可以看到實際的吳港風景。

てつのくじらかん
（かいじょうじえいたいくれしりょうかん）

鐵鯨館
（海上自衛隊吳史料館）

可進到真正的潛水艦內部
免費入館的熱門景點

使用展覽物品等，深入淺出的介紹海上自衛隊的活動。可以進入象徵性的潛水艦「あきしお」內部，參觀士官室和操舵席。在館內各層樓和潛水艦內部，也會有退休的自衛隊員詳細的為參觀民眾解說。

☎0823-21-6111 **住**吳市宝町5-32 **¥**免費 **時**9～17時（入館到16時30分）**休**週二（遇假日則翌日休，黃金週中開館，12月29日～1月3日及其他時間臨時休館）**P**無 **交**JR吳站步行5分 **MAP** P123A2

潛水艦「あきしお」和大型噴射機一樣大

**船長 不倒翁
迷你毛巾**
**點點圖案390日圓、
條紋圖案360日圓**
紅色不倒翁圖案，可愛的小手巾
SHOP 大和博物館

あきしお布偶
1000日圓
只有這裡才買得到的限定商品
SHOP 大和博物館
鐵鯨館

**海上自衛隊
數位藍迷彩T恤**
2800日圓起
海上自衛隊授權的T恤
SHOP 鐵鯨館

部隊識別帽
2810日圓起
各部隊實際使用的帽子
SHOP 鐵鯨館

搬運潛水艦「あきしお」時，總共出動了17台日本國內最大的起重機和搬運台車，才能不拆解而直接運到陸地上。

重現了海軍的原創食譜，吳的新必吃「海軍美食」

吳是和舊海軍有淵源的城市，在吳能吃到獨有的「海軍美食」，享受海軍士兵熟悉的各種時尚料理。

和海軍有關的事情
採用日本海軍的作法，不使用水，而是利用蔬菜中的水分調理而成。因為味道較甜，因此也被稱為「甘煮」。

海軍的馬鈴薯燉肉
450日圓 Ⓐ
只使用砂糖和醬油，將馬鈴薯和牛肉等食材燉煮至入味的料理

和海軍有關的事情
為了消除鯨魚肉的腥味，海軍廚師重複嘗試了各種方法才誕生的料理。

戰艦霧島的炸鯨魚排（海軍定食之一）
1750日圓 Ⓒ
將多汁而有嚼勁的鯨魚肉切塊，用高溫炸至酥脆的炸鯨魚排
※單品1000日圓

什麼是「海軍美食」？

海軍美食是指依照明治海軍料理教科書和昭和戰艦上的食譜，調理而成的料理。當時為了治療士兵因營養不良而罹患的腳氣病，而加入西式料理。

有什麼料理？

有「馬鈴薯燉肉」、「咖哩」、「蛋包飯」等等，從大家熟悉的料理到少見的料理，每一種都有獨特的調理方法和與海軍相關的事蹟。

和海軍有關的事情
長期在海上生活，會搞不清楚今天是星期幾，因此決定「週五吃咖哩飯」以避免發生這種狀況。

吳海自咖哩護衛艦「うみぎり」
1200日圓（單點）Ⓑ
咖哩燉煮2天，味道很有深度。也可以吃到洋蔥的甜味和香辛料的辣味。

也有美食地圖！

「大和的故鄉吳美食地圖」中，介紹了吳市內可以品嘗到名產美食和海軍美食的店家，可以在吳觀光情報廣場（ⓂP123 B2）等地索取。

いなかようしょくいせや
田舎洋食 いせ屋 Ⓐ

於大正10年(1921)創業，第一代老闆曾擔任過海軍主廚，洋食種類豐富，特製的豬排飯1200日圓也很受歡迎。

☎0823-21-3817 🏠吳市中通4-12-16
🕐11～15時,17時～20時30分 休週四
🚃JR吳站步行15分 ₽無
Ⓜ P123C1

こーひーはうすいるまーれ
コーヒーハウス IL MARE Ⓑ

用合理的價格享受一流飯店主廚製作的料理。因為是熱門店家，午餐最好先預約。

☎0823-20-1111 (吳阪急飯店) 🏠吳市中央1-1-1 吳阪急ホテル1階 🕐11時30分～21時 (20時30分LO) 休無休 🚃JR吳站步行即到 ₽100輛 Ⓜ P123B2

にほんりょうり つばきあん
日本料理 椿庵 Ⓒ

使用瀨戶內的新鮮海鮮、當地產的蔬菜，很受好評。還有可以將吳灣一覽無遺的美麗景觀。

☎0823-36-5501 🏠吳市宝町4-45
🕐11時30分～14時30分,17時～21時 (19時30分LO) 休週二 🚃JR吳站步行5分 ₽8台 Ⓜ P123A2

也想吃吃看當地麵食「吳冷麵」！

吳的名產美食吳冷麵發源於「珍来軒」。吳冷麵(小)650日圓，特色是使用很有嚼勁的扁麵和帶有甜味的湯頭。也推薦加入醋辣椒和黑醋，享受不同的滋味。
☎0823-22-3947 MAP P123C1

給油艦隱戶的高麗菜捲 700日圓 F
將絞肉、馬鈴薯等食材用高麗菜包起，以湯頭燉煮而成的料理

為了教導國人用餐禮儀，明治41年發行的料理教科書中，已經有洋食。

和海軍有關的事情
由與吳有深刻淵源的軍艦「音戶」(又名「隱戶」)所研發。考量士兵的健康，除了絞肉以外，也加入馬鈴薯。

和海軍有關的事情
祈求「船永遠不會遇到破裂分割的意外」，因此上面要放不能整除的奇數豌豆仁

舊海軍美食午餐全餐（照片為部分餐點）1800日圓 D
可以選擇主菜。照片上為用絞肉將水煮蛋包起來，蘇格蘭蛋風的「法式牛肉醬派」。(需預約)

戰艦大和的蛋包飯(附紅茶)佐牛肉醬汁1000日圓(佐番茄醬880日圓) E
長時間烹調上一代傳承下來的牛肉醬汁也是店家自豪的美味

うぇーるまらん
VERT MARIN D
位於CLAYTON BAY HOTEL11樓，可以眺望海景邊享受法式料理。有時也會被包場，最好先預約。
☎0823-26-0001 住吳市築地町3-3 クレイトンベイホテル11階 ⏰11時30分～15時(14時LO) 休無休 交JR吳站搭乘免費接駁巴士10分 P200輛 MAP P123A1

じゆうけん
自由軒 E
創業至今超過50年的老餐廳。東西合璧的店內，洋溢著令人懷念的氛圍，也有和式座位。熱門的戰艦大和蛋包飯是必吃料理。
☎0823-24-7549 住吳市中通3-7-15 ⏰11時30分～14時LO,17時～20時30分LO 休木曜 交JR吳站步行15分 P無 MAP P123C2

あかだましょうてん
赤玉商店 F
看板為鍍錫鐵製，店內充滿昭和懷舊的氛圍，忠實重現舊海軍料理，餐點豐富。令人懷念的鯨魚排850日圓等居酒屋料理，也很受歡迎。
☎0823-22-2565 住吳市中通4-1-25 ⏰17時～翌日5時(週日～24時) 休火曜(逢假日或包場正常營業) 交JR吳站步行15分 P無 MAP P123C1

 吳的夜晚有「藏本通屋台(MAP P123C1)」。一到晚上，就會有一整排拉麵或創意料理攤販。

從安藝灘飛島海道前往
與平清盛有淵源的御手洗

➕ 廣島搭成巴士
2小時8分

在安藝灘飛島海道，可以欣賞舒暢的瀨戶內海景觀，很受歡迎。
前往大崎下島的御手洗，途中邊遊覽群島。

➕ 御手洗 是
什麼樣的地方？

繁榮一時的御手洗在江戶時代是等
待潮汐改變的港口。17世紀中到昭
和初期也作為瀨戶內海交通的中繼
港持續發展，現在還保留著當時的
風貌。御手洗也有與現在熱門人物
平清盛有淵源的寺院。

交通資訊
🚃 電車、巴士：廣島站搭乘山陽巴士海島LINER
2小時8分到御手洗港，廣島巴士中心搭乘為
2小時20分，吳站搭乘則為1小時40分
🚗 開車：吳道路吳IC經國道185號、安藝灘飛
島海道，到吳市營停車場約40km

洽詢
吳市觀光振興課☎0823-25-3309
豐町觀光協會(待潮館)☎0823-67-2278
廣域圖 附錄背面F～I4・5

1在富有情調的港口城市散步 **2**常盤町通被指定為重要傳統建築物群保存地
區 **3**從位於高台的看見歷史之丘公園（自由入園），可以看到絕佳的風景
4榨取自名產大長橘子的果汁

範例路線

所需時間 2 小時

巴士站御手洗
▼ 步行3分
乙女座
▼ 步行5分
天滿宮
▼ 步行1分
若胡子屋跡
▼ 步行3分
南潮山 滿舟寺
悠閒散步 30分
巴士站御手洗

➕ おとめざ
❶乙女座

讓人遙想起彼時的時髦建築

建於昭和12年(1937)，設施重現了
當時以現代建築之姿出線而備受矚
目的劇場。外觀為洋風、內裝則為
和風，對比性的設計很新穎。
☎0823-67-2278(豐町觀光協會) 住吳
市豐町御手洗243-1 ¥200日圓 ⏰9～
16時30分 休週二 交巴士站御手洗步行
3分 P無

忠實重現的棧板和室座位和花道，是必看
之處

➕ てんまんぐう
❷天滿宮

據說是地名由來

「御手洗」的地名由來有多種說
法，其中一個說法是菅原道真被流
放至九州太宰府的途中，曾在這裡
停留，使用手水。境內也有和菅原
公有關的歌碑和水井。
☎0823-67-2278(豐町觀光協會) 住吳
市豐町御手洗315 ¥免費 休境內自由參觀
交巴士站御手洗步行8分 P無

春天的櫻花時期、秋天的紅葉時期，氛圍
會更莊嚴

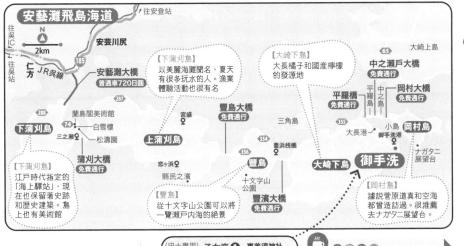

安藝灘飛島海道

往安登站

往吳IC →

往吳站 → 仁方

JR吳線

安芸川尻

185

安藝灘大橋　普通車720日圓

287

288

蘭島閣美術館
74　白雪樓
三之瀨　松濤園

下蒲刈島

蒲刈大橋　免費通行

【下蒲刈島】
以美麗海灘聞名，夏天有很多玩水的人。漁業體驗活動也很有名

【下蒲刈島】
江戶時代指定的「海上驛站」，現在也保留著史跡和歷史建築。島上也有美術館

宮盛

上蒲刈島

窓ヶ浜

縣民之濱

356

豐島大橋　免費通行

354

豐浜桟橋

豐島

十文字山公園

豐濱大橋　免費通行

【豐島】
從十文字山公園可以將一覽瀨戶內海的絕景

三角島

【大崎下島】
大長橘子和國産檸檬的發源地

355

大崎下島

大長港

御手洗

平羅橋　免費通行

平羅島

65

中之瀨戶大橋　免費通行

中之島

岡村大橋　免費通行

大崎上島

小島
御手洗港

岡村島

ナガタニ展望台

【岡村島】
據說菅原道真和空海都曾造訪過。很推薦去ナガタニ展望台。

2km

N

什麼是安藝灘飛島海道？

以7座的特色橋梁，將瀨戶內海島嶼連接起來的路線。從橋上眺望的多島嶼之美是必看之處

（巴士專用）P　乙女座 ❶

御手洗港

江戶まちなみ展示館

七卿落遺跡

潮待ち館

金子邸

❷ 天満宮

潮待ち通り

❸ 若胡子屋跡

南潮山滿舟寺 ❹

船宿Cafe若長 P.129

海鮮料理と船宿 みたらい 脇坂屋 P.129

惠美須神社

船着跡脇屋家

なまこ壁の鞠田邸

大東寺

船着跡
三軒長屋
高燈籠
住吉神社

千砂子波止

歷史の見える丘公園

往營停車場

50m

N

❸

わかえびすやあと

❸ 若胡子屋跡

參觀讓人遙想起彼時的茶屋跡

過去曾是御手洗地區最大規模的茶屋。純白的土壁加入從薩摩帶來的櫻城熔岩，非常美麗。

☎0823-67-2278（豐町觀光協會）住吳市豐町御手洗149-1 免費 ◯9～17時 休週二（逢假日則翌日休）交巴士站御手洗步行7分 P無

也能參觀使用屋久杉的豪華內部

なんちょうざん　まんしゅうじ

❹ 南潮山 滿舟寺

和平清盛有深刻淵源的名剎

以平清盛建造草屋，安置十一面觀音之地而聞名。還有豐臣秀吉攻打四國時，命令加藤清正所建造的「亂築」，巨大的石牆也很值得一看

☎0823-67-2278（豐町觀光協會）住吳市豐町御手洗 Y ◯境內自由參觀交巴士站御手洗步行6分 P無

境內石牆圍繞的構造也很有趣

☕ **小憩片刻**

ふなやどかふぇわかちょう

船宿Cafe若長

將江戶時代的船宿建築，改裝成懷舊咖啡廳重新開幕。讓人想在附設藝廊的樓層，享用檸檬紅豆湯500日圓等點心。

☎090-4483-3141 住吳市豐町御手洗325 ◯11～17時，只有週六、週日、假日營業 休平日 交巴士站御手洗步行12分 P1輛 MAP P129下

かいせんりょうりとふなやど みたらいわきさかや

海鮮料理と船宿 みたらい 脇坂屋

可以品嘗當地鮮魚和當地食材的海鮮料理店。招牌料理是星鰻盒飯3000日圓，星鰻肉質厚實、越嚼越覺甘甜。也有生魚片御膳3000日圓、煮魚御膳3000日圓等餐點。

☎0823-66-4343 住吳市豐町御手洗505-2 ◯11～14時，17～21時 休只有週六、日、假日營業 交巴士站御手洗步行12分 P50輛 MAP P129下

📖 惠美須神社（MAP P129下）是很受歡迎的戀愛開運景點。據說抱著大鳥居，對著大海呼喊喜歡的人的名字，就能保佑戀情順利。

喜歡喝酒的人都難以抵抗！
西條的釀酒廠巡禮

＋廣島站搭乘
電車36分

在酒都西條除了進行釀酒廠巡禮，也能盡情享受酒之鄉
獨有的活動和美食。傳統的街道建築也很有魅力。

＋西條是
什麼樣的地方？

西條是江戶時代的驛站，作為驛站城市曾盛極一時。現在則和伏見、灘並稱為酒都，聞日本名全國。沿著舊山陽道，分布著白牆和白底瓦牆的建築物，以及有紅磚煙囪的釀酒廠，也有釀酒廠改建的咖啡廳、商店、有參觀酒廠的釀酒廠。

交通資訊

🚌 **電車**：廣島站搭乘JR山陽本線到西條站36分

🚗 **開車**：山陽自動車道西條IC經國道375號到酒藏通約2km

洽詢
東廣島市商業觀光課☎082-420-0941
東東廣島市觀光協會西條站前服務處☎082-421-2511
廣域圖 附錄背面G2

從JR西條站周邊延伸出去的釀酒廠街景，可以悠閒的散步

＼ 更加享受西条 ／

さかぐらのまち てくてくガイド
釀酒廠之鄉 漫步導覽

由志工帶領的酒藏通免費嚮導行程。每月10日舉行，在東廣島市觀光服務處（西條站2樓）前集合即可，不需預約。

☎082-421-2511 🏠東広島市西条本町17-1
💴免費 🕐10～11時（隨時出發）🚃東JR西條站步行1分到東廣島市觀光服務處（西條站2樓）Ｐ
無 **MAP** P130A1

さけまつり
酒祭

除了釀酒廠會舉辦活動以外，在西條中央公園會有試飲活動，集結了日本各地約1000種以上當地酒，和美酒鍋（皆需收費）

☎082-420-0330 🏠西条中央公園是東广島市西条栄町1214-45 💴免費 📅每年10月3連休的六日 🚃JR西條站步行5分到西條中央公園 Ｐ有臨時停車場 **MAP** P130A2

來進行 醸酒廠巡禮

所需時間約 **3** 小時

🍶…有試喝　👜…有販售商品　☕…有咖啡廳

❶ 賀茂鶴酒造株式會社 🍶👜
かもつるしゅぞうかぶしきがいしゃ

參觀酒都西條最大的醸酒廠

於大正7年（1918）由法人設立的老醸酒廠，在評鑑會獲得多次金獎。位在廣大的腹地內的觀光醸酒廠內，除了介紹醸酒的過程，也有試飲服務。

☎082-422-2121 🏠東廣島市西條本町4-31 🕘9時～16時30分 🈺不定期 🚃JR西條站步行4分 🅿5輛

▲富有情調的白色牆壁和紅磚煙囪，令人印象深刻

******* 也想要去這裡 *******

佛蘭西屋
ふらんすや

賀茂鶴酒造直營的餐廳，1樓供應法式料理，2樓供應和食。很受歡迎的美酒鍋一人份1900日圓（2人以上起餐），是添加酒的火鍋，也是西條的名產料理。

☎082-422-8008 🏠東廣島市西條本町9-11 🕘11時30分～14時30分（1、2樓共通）、17時30分～21時（1樓為17～20時）🈺1樓為週四、每月第3、4週一，2樓為週三、每月第1、2週一 🚃JR西條站步行3分 🅿有
🗺P130B1

❸ 亀齡酒造 🍶👜
きれいしゅぞう

明治初期創業的老醸酒廠

醸酒廠於大正6年（1917）日本全國清酒品評會上，獲得日本第一個榮譽獎。由酒廠改裝而成的商店「萬年龜舍」內，販售限定的酒和伴手禮品。

☎082-422-2171 🏠東廣島市西条本町8-18 🕘9～16時（週六、假日為10時30分～）🈺不定期 🚃JR西條站步行4分 🅿3輛

推薦

◀COKUN 500㎖1188日圓
▲最推薦的特製金賀茂鶴720ml 2700日圓
▶純米吟醸朱泉本醸720㎖1704日圓

❷ 賀茂泉酒造 🍶👜☕ 收費
かもいずみしゅぞう

有附設咖啡廳的純米酒商

醸造代表廣島純米酒的醸酒廠。附設的「酒喫茶酒泉館」，隨時供應20種以上的賀茂泉酒，也有酒水果蛋糕等甜點。

☎082-423-2021（酒喫茶酒泉館）🏠東廣島市西条上市町2-4 🕘8時30分～12時、13時30分～17時（參觀醸酒廠需預約）🈺週六、日、假日（酒喫茶酒泉館需洽詢）🚃JR西條站步行8分 🅿10輛

◀酒喫茶酒泉館使用的是昭和初期的洋館

▶務必嘗嘗酒泉館的賀茂泉推薦酒試喝比較套餐1080日圓

推薦
▲醸酒廠限定酒720ml 1620日圓(右)、亀齡 大吟醸「創」720ml 2700日圓

步行3分
▶加了酒粕的吟醸義式冰淇淋350日圓

步行3分

▲在多數偏甜的廣島酒中，以辣口聞名

▲萬年龜舍有豐富的原創周邊商品。也可以試喝酒

 有些醸酒廠可以試喝酒，因此建議搭乘大眾交通工具往返。在各個醸酒廠也可以免費喝到醸酒用的水。

保留著江戶時代的街道
漫步安藝的小京都─竹原

從廣島站搭巴士1小時4分

以本通為中心的區域，保留有棒瓦的屋頂和塗籠壁等，
富有風情的多數建築物。悠閒散步的同時，也能回憶過往。

竹原是什麼樣的地方？

在平安時代是京都下鴨神社的莊園，曾經相當繁榮，到了江戶時代則開始發展製鹽業和釀酒業。「町並保存地區」保留許多歷史建築，因此也被稱為「安藝的小京都」，是富有情調的區域，被指定為日本國家重要傳統建築物群保存地區。

交通資訊

🚌 電車：廣島站搭乘藝陽巴士輝夜姬號到竹原站1小時4分

🚗 開車：從山陽自動車道河內IC經國道432號，到公路休息站竹原約14km

洽詢

竹原市產業振興課☎0846-22-7745
竹原市觀光協會☎0846-22-4331

廣域圖 附錄背面3

「町並保存地區」，保留許多江戶時代的街道建築和景觀

範例路線

所需時間 3 小時

JR竹原站
▼ 步行10分
森川邸
▼ 步行7分
松阪邸
▼ 步行5分
西方寺普明閣
▼ 步行10分
藤井酒造酒藏交流館
▼ 散步25分
JR竹原站

❶森川邸
もりかわてい

歷史價值很高的高雅豪宅

豪邸由建於明治～大正期間的主屋、離屋、茶室、土藏、表門等9棟建築構成。後世也很少改造，保留了建築初建的美麗模樣，因此也被指定為市重要文化財。在多個觀賞重點中，壁龕和付書院連細部都有細緻美麗的雕刻，非常值得一看！

☎0846-22-8118 🏠竹原市中央3-16-33 ¥300日圓 ⏰9～17時 休週四、12月29日～1月3日 🚃JR竹原站步行10分 P無

1 從壯觀的大門可見當時強大的木工技術
2 寬廣的中庭中也有土藏，富有情趣

❷ 松阪邸
まつさかてい

別出心裁的豪華宅邸

江戶時代經營鹽田而致富的富商松阪家住宅遺跡。被稱為「照、反」形式的波浪狀大屋頂、黃大津（和風建築的手法）的石灰牆、菱格子的凸窗等等，獨特的設計在竹原街道中也大放異彩。據說喜慶時新娘曾使用過。也展示了轎子和老錄音機等等，讓人遙想起往昔繁榮的文物。

☎0846-22-5474 竹原市本町3-9-22 ¥200日圓 ⏰9～17時 休週一（逢假日則翌日休）、12月29日～1月3日 交JR竹原站步行15分 P無

數寄屋造的房間充滿優雅的氛圍，不可錯過

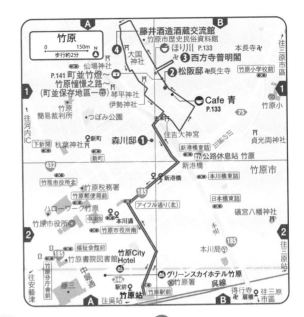

竹原
0 150m N
步行約2分

藤井酒造酒藏交流館
竹原市歷史民俗資料館
ほり川 P.133　　本長寺
❸ 西方寺普明閣
長生寺
❷ 松阪邸
Cafe 青 P.133
竹原小
仙醎神社
P.141 町並竹燈
竹原憧憬之路
（町並保存地區一帶）
大国神社
琴平神社
伊勢神社
竹原小學校前
簡易裁判所
つぼみ公園
住吉大神宮
貞光神社
秋葉神社　新町
新港橋東詰
公路休息站 竹原
森川邸 ❶
新港橋
本川橋東詰
竹原市役所北
竹原稅務署
日本橋東詰
竹原郵便局前
アイフル通り（北）
磯宮八幡神社
ハローワーク竹原
本川通
竹原市役所
竹原市役所南
福祉會館前
竹原City
Hotel
竹原書院図書館前
グリーンスカイホテル竹原
竹原署
本川局
竹原分局前
藤三
駅前通
竹原站
竹原駅前
得壽寺
往三原站
往吳線

❸ 西方寺普明閣
さいほうじふめいかく

可以從朱漆的舞台眺望街景

朱漆的舞台據說是模仿京都清水寺的舞台建立的。屋頂的形狀很有特色，也是竹原的街道建築中具象徵性的建築。從普明閣可以將竹原街景一覽無遺，因此也是遊客必定會登高一覽的觀光景點。西方寺境內有本堂、鐘樓和山門等建築，還有像是城郭一樣壯觀的石牆，也讓人不禁看得入迷。在這裡也最能感受到江戶時代的氛圍。

☎0846-22-7745（竹原市產業振興課）竹原市本町3-10-44 ¥⏰休境內自由參觀 交JR竹原站步行20分 P無

朱漆的舞台使用了懸崖造的建築手法

❹ 藤井酒造酒藏交流館
ふじいしゅぞうさかぐらこうりゅうかん

飄著酒香的酒廠商店

由江戶時代末期建造的一區釀酒廠，改裝成的商店和交流區。保留著粗大柱子和樑柱的釀酒廠內，飄著微微的酒香。也販售以日本酒為首的酒類相關商品，最適合當作時髦的伴手禮。順帶一提，在這裡也可以免費試喝數種日本酒，是造訪酒都竹原很棒的紀念回憶，請務必試試。

☎0846-22-2029 竹原市本町3-4-14 ¥免費入館 ⏰10～17時 休週四（逢假日則翌日休）交JR竹原站步行20分 P有

附設蕎麥麵店，能吃到正統的「寺」蕎麥麵

☕ 小憩片刻

ほり川
ほりかわ

由約200年歷史的醬油釀造廠改裝而成的大阪燒店。推薦招牌的純米吟釀竹原燒（含肉和蛋）1000日圓，麵糊加入了酒粕和日本酒。

☎0846-22-2475 竹原市本町3-8-21 ⏰11時～14時30分、17時～19時30分 休週三（逢假日則營業）交JR竹原站步行16分 P3輛
MAP P133B1

Cafe 青
かふぇ あお

由釀酒廠改裝而成的懷舊現代咖啡廳。可以享用到「青」午餐1080日圓和蛋糕套餐810日圓等餐點。

☎0846-22-3073 竹原市本町3-9-28 ⏰10～17時 休週二 交JR竹原站步行18分 P3輛
MAP P133B1

📖 每年5月在町並保存地區周邊，都會舉行「竹原竹之祭」。有各式各樣以竹子為主題的活動

廣島交通資訊

若要從東海道、山陽、九州新幹線沿線前往廣島，一般會搭乘新幹線。
從東京到廣島的飛機班次很多，打折後的費用比新幹線更便宜。

搭乘飛機前往

雖然從名古屋、大阪等東海道、山陽新幹線沿線主要都市沒有班次前往廣島，但是從東京(羽田)機場飛往廣島的班次很多，只要善加利用折扣，費用就會非常便宜。廣島機場離市中心有些距離，要搭乘利木津巴士移動。

(2017年6月)

東京(羽田)	ANA/JAL	1小時25分	34890日圓	1日17班
札幌(新千歲)	ANA/JAL/ADO	2小時05分	51200日圓(ADO=49300日圓)	1日2班
仙台	ANA/IBX	1小時35分	43700日圓(IBX=42700日圓)	1日2班
成田	ANA/IBX/SJO	1小時40分	34600日圓(IBX=33600日圓、SJO=3460日圓～)	1日3班
沖繩(那霸)	ANA	1小時45分	35900日圓	1日1班
東京(羽田)	ANA	1小時40分	34890日圓	1日5班

廣島機場

※搭乘岩國巴士到岩國站12分 200日圓、到錦帶橋27分 380日圓　岩國錦帶橋機場

◎價格為一般時期的單程費用，加上日本國內線旅客設施使用費(羽田起降路線)290日圓的金額。

從廣島機場到各地的交通資訊

- 利木津巴士(往廣島巴士中心) 51分 1340日圓 → 廣島巴士中心
- 利木津巴士(往廣島站新幹線口) 45分 1340日圓 → 廣島站
- 廣島站 JR山陽線 30分 410日圓 → 宮島口站 船 10分 180日圓 → 宮島(棧橋)
- JR吳線 普通50分・快速35分 500日圓 → 吳站 ※廣島機場直達吳站的利木津巴士為58分1340日圓
- JR山陽線 普通55分・快速45分 760日圓 → 岩國站

◎所需時間因所搭乘的班次、列車而異。

折扣資訊　機票折扣

●《ANA》旅行折扣　●《JAL》早鳥折扣

提早預約、購買就可以用便宜的價錢搭乘飛機。條件為75日前到28日（ANA為21日）前預約。折扣會因日期和班次而異，買之前要好好研究。但是取消的費用也比其他的折扣機票還要高，請特別注意。

●《ANA》特別折扣　●《JAL》特殊班次折扣

就算已經離搭乘日很近，只要還有座位就能預約，是很方便的折扣。折扣也會因日期和班次而異。3日（JAL為21日）前預約就OK。但是要注意不可變更預約行程。

☎ 洽詢電話一覽

航空公司

- ●ANA（全日空）　☎0570-029-222
- ●JAL（日本航空）　☎0570-025-071
- ●ADO（Air Do）　☎011-707-1122
- ●IBX（Ibex Airline）　☎03-6741-6688
- ●SJO（春秋航空）　☎0570-666-118

機場巴士

- ●廣島電鐵巴士　☎082-231-5171
- ●岩國巴士　☎0827-22-1092

鐵道

- ●JR西日本　☎0570-00-2486
- ●JR東海　☎050-3772-3910
- ●廣島電鐵（電車）　☎0570-550700

高速巴士

- ●小田急巴士　☎03-5438-8511
- ●神奈中巴士　☎0463-21-1212
- ●JR東海巴士　☎0570-048-939
- ●西日本JR巴士　☎0570-00-2424
- ●日交巴士　☎0857-27-7799
- ●月之丸巴士　☎0857-22-5155
- ●一畑巴士　☎0852-20-5252
- ●石見交通　☎0855-27-2211

- ●JR四國巴士（高松）　☎087-825-1657
- ●鳥波巴士　☎0898-25-4873
- ●中國JR巴士　☎0570-666-012
- ●JR九州巴士　☎092-643-8541

高速船・渡輪

- ●瀨戶內海汽船　☎082-253-1212
- ●石崎汽船　☎089-953-1003

搭乘新幹線前往

廣島站為總站,所有新幹線列車都會停靠。站前則有延伸至廣島市區的路面電車路線,交通也很方便。如果要前往「のぞみ」不停靠的三原站和新岩國站,可以在福山站或廣島站轉乘「こだま」。

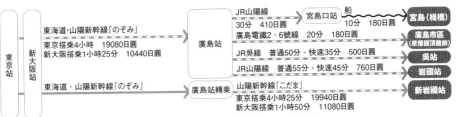

◎價格為車資、特急費用(一般時期的普通車指定席)的總額。 ◎所需時間因班次、列車而異。

搭乘高速巴士前往

東京、橫濱、關西有深夜巴士前往廣島。關西、山陰、四國、博多則有多種白天的巴士。搭乘高速巴士雖然會比新幹線多花一點時間,但不用換車,可以直達廣島也很方便。

※BC=巴士中心 BT=巴士總站 ●=預約制 (2017年6月)

地區	出發地	目的地	巴士暱稱	洽詢窗口	單程費用	所需時間	班次(1日)	預約	日 夜間
首都圈	東京站八重洲南口・新宿站南口	廣島站→廣島BC	ニューブリーズ	小田急巴士	11,900日圓	11小時50分	1~2班		夜間
	橫濱站東口	廣島BC→廣島站	メイプル・ハーバー	神奈中巴士	11,000日圓~13,500日圓	12小時30分	1班		夜間
中部	榮(綠洲21)・名古屋站新幹線口	廣島站→廣島站	廣島ドリーム名古屋号	JR東海巴士	8,230日圓~9,050日圓	9小時40分	1班		夜間
近畿	湊町BT(OCAT)・大阪站JR高速BT	廣島BC→廣島站	山陽ドリーム廣島号	西日本JR巴士	5,300日圓~6,700日圓	7小時15分	1班		夜間
	京都站烏丸口・大阪站JR高速BT	廣島BC→廣島站	青春ドリーム廣島号	西日本JR巴士	4,600日圓~6,100日圓	8小時41分	1班		夜間
山陰	米子站	廣島BC→廣島站	メリーバード	日交巴士/日之丸巴士	3,900日圓	3小時35分	7班		日間
	松江站	廣島BC→廣島站	グランドアロー	一畑巴士	3,900日圓	3小時04分~19分	18班		日間
	出雲市站	廣島BC→廣島站	みこと	一畑巴士	4,100日圓	2小時57分~3小時05分	9班		日間
	濱田站	廣島BC→廣島站	いさりび	石見交通	3,030日圓	2小時04分~25分	16班		日間
	益田站	廣島BC→廣島站	広益線・新広益線	石見交通	3,700日圓	2小時43分~3小時12分	8班		日間
四國	高松站	廣島站→廣島BC	高松エクスプレス広島号	JR四國巴士	4,100日圓	3小時30分	5~7班	●	日間
	今治站	廣島站→廣島BC	しまなみライナー	しまなみ巴士	3,700日圓	2小時44分	3~6班	●	日間
九州	博多BT	廣島BC→廣島站	広福ライナー	JR九州巴士	4,150日圓	4小時44分	9班	●	日間
	博多BT	廣島BC	広福ライナー	JR九州巴士	4,150日圓	7小時31分	1班	●	夜間

廣島的巴士總站為巴士中心和廣島站

廣島的高速巴士起點和終點有兩個,一個是位於JR廣島站北側站前廣島站新幹線口,另一個是位於廣島市中心地紙屋町的廣島巴士中心(BC)。

如果要搭乘JR線前往宮島和吳等廣島近郊,在廣島站換車比較方便。從廣島站搭乘路面電車到廣島港或宮島方向,要穿過廣島站的地下或2樓通道,到位於南口的路面電車搭乘處。

廣島巴士中心位於市區中心的『廣島SOGO(AQUA)』3樓,步行就可以抵達原爆圓頂館、平和記念公園等景點。如果要搭乘路面電車前往宮島或廣島港,可以在紙屋町電車站或本通電車站搭車。如果要搭乘巴士前往吳等郊外,廣電巴士和廣島巴士在同樣地點都有班次前往。

洽詢:廣島巴士中心
巴士服務處
☎ 082-225-3133

從四國、高松前往廣島,搭高速船便宜又快速!

從松山搭乘火車前往廣島反而繞了路。從松山市區→松山觀光港搭乘巴士20分,從宇品港→廣島市區也有路面電車,就算加上換車的時間,總共也只需要2小時30分左右就可以抵達。

航路	所需時間	價格	汽車運費	班數(1日)	經營公司
《Super Jet》松山觀光港~吳(中央棧橋)~廣島港(宇品)	1小時8~17分	7,100日圓	―	12班(經吳的為6班)	石崎汽船/瀨戶內海汽船
《Cruise Ferry》松山觀光港~吳(中央棧橋)~廣島港(宇品)	2小時40分	3,600日圓	12030日圓	10班	

汽車運費為4~5m的普通客車單程運費,包含駕駛1人的搭乘費用。

開車前往

廣島縣內有沿海的山陽自動車道，以及靠山的中國自動車道穿過，加上有廣島自動車道連接兩者。使用ETC會有假日折扣，高速道路費用也會比較划算。廣島市內有1～4號線廣島高速道路，5號線（東部線）也在建設中。

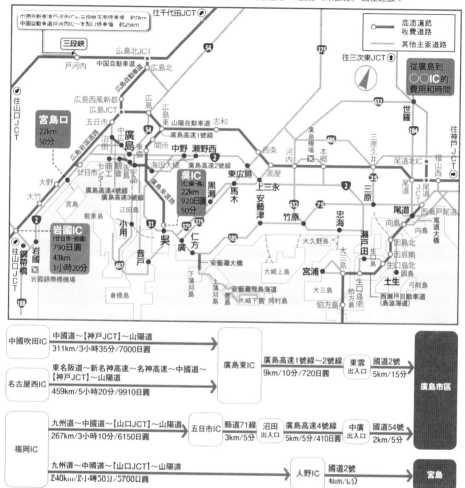

中國自動車道戶河內IC～三段峽交流道間停車場　約0km
中國自動車道戶河內IC～水剌口停車場　約25km

高速道路 收費道路

其他主要道路

往千代田JCT

広島北JCT

往三次東JCT

從廣島到
○○IC的
費用和時間

三段峽

戸河内

中国自動車道

広島北

54

375

往山口JCT

広島西風新都
広島JCT

五日市

広島北

宮島口
22km
50分

中広

廣島

海田大橋

廿日市

宮島

能美島

中野 瀬野西

廣島高速2號線

廣島高速1號線

志和

東広島

西条

三原久井

本郷

三原

世羅

184

往神戸JCT

広島機場

河内

高屋

上三永

安藝津

竹原

忠海

大久野島

大崎上島

三原

忠海

大竹

廣島高速4號線
廣島高速3號線

江田島

宮島

吳IC
(仁保～吳)
22km
920日圓
50分

黒瀬

馬木

31

375

仁方

吳

音戸

岩國IC
(廿日市～岩國)
790日圓
43km
1小時20分

185

安藝灘大橋

下蒲刈島

上蒲刈島

安藝灘飛島海道

大崎下島 岡村島

大三島

伯方島

瀬戸田

生口島

尾道北IC

尾道

西瀬戸尾道

尾道大橋

因島

因島南

生口島北

生口島

西瀬戸自動車道
（島波海道）

土生

向島

向島

188

岩國錦帶橋機場

錦帶橋

往山口JCT

倉橋島

宮浦

伯方島南

弓削島

中國吹田IC	中國道～【神戸JCT】～山陽道 311km/3小時35分/7000日圓	廣島東IC	廣島高速1號線～2號線 9km/10分/720日圓 ─ 東雲出入口 ─ 國道2號 5km/15分 → 廣島市區
名古屋西IC	東名阪道～新名神高速～名神高速～中國道～ 【神戸JCT】～山陽道 459km/5小時20分/9910日圓		
福岡IC	九州道～中國道～【山口JCT】～山陽道 267km/3小時10分/6150日圓 ─ 五日市IC ─ 縣道71線 3km/5分 ─ 沼田出入口 ─ 廣島高速4號線 5km/5分/410日圓 ─ 中廣出入口 ─ 國道54號 2km/5分 → 廣島市區		
	九州道～中國道～【山口JCT】～山陽道 £40km/2小時50分/5700日圓 ─ 人野IC ─ 國道2號 4km/0分 → 宮島		

◎高速道路的費用為使用ETC的普通客車費用。
◎NEXCO西日本等高速道路、收費道路（除了大阪、東京的近郊區間以外），
　針對ETC的車輛實施「假日折扣」（折扣30%），詳細資訊請見各公司官網。

☎ 洽詢電話一覽

日本道路交通資訊中心
●中國地方、廣島資訊
☎050-3369-6634
●中國地方高速情報
☎050-3369-6769

NEXCO西日本
●客服中心
☎0120-924-863
☎06-6876-9031

廣島高速道路公社
☎082-250-1181

遊覽廣島的方式

廣島有路面電車通往市區和宮島方向,購買一日乘車券會很方便。
只要利用定期觀光巴士,就可以有效率的遊覽觀光景點。

方便的路面電車

從廣島站電車站為起點,班次很頻繁,最適合用來逛逛市區。車資為市內路線均一價180日圓。也有從廣電西廣島電車站(己斐)~廣電宮島口電車站的宮島線,從廣電西廣島電車站到廣電宮島口電車站約35分、230日圓,從廣島站電車站則為1小時10分、280日圓。

划算的票券

一日乘車乘船券　840日圓

1日內可以自由搭乘廣島電鐵的電車全線,以及宮島口~宮島的宮島松大汽船。請特別注意不能搭乘JR西日本的宮島航線。

電車一日乘車券　600日圓

1日內可以自由搭乘廣島電鐵的電車全線。

電車、巴士1日乘車券「廣島Peace Pass」　700日圓

1日內可以自由搭乘廣電電車和指定區域的市內路線巴士。也可以搭乘市內循環巴士「めいぷる～ぷ」

也有定期觀光巴士

●廣島世界遺產定期觀光巴士

廣島站新幹線口8:50出發　7小時40分
5000日圓(含午餐便當費用)
週五、六、日、假日和暑假時行駛

從原爆圓頂館步行至平和紀念資料館,從廣島港搭乘高速船前往宮島,搭乘JR渡輪經由宮島口回到廣島站。

※加上「廣島めいぷる～ぶ」1日乘車券的套組為5200日圓
預約、洽詢:中國JR巴士 ☎0570-666-012

●竹原物語　竹原站前11:00出發　4小時40分　2850日圓

3~11月週日行駛

可以和導遊一起在江戶時代的町並保存地區散步,在傳統建築物群中的餐廳各自吃完午餐後,再遊覽豐山窯、Bamboo.Joy.Highland(竹之館)等景點。
預約、洽詢:藝陽巴士 ☎0846-22-2234

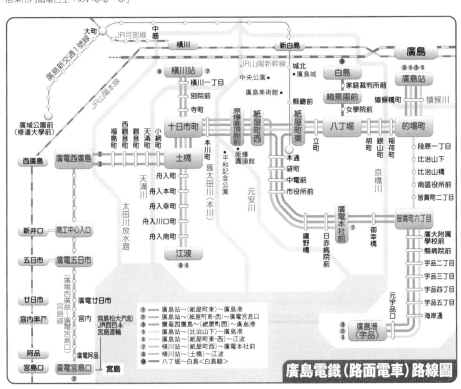

廣島電鐵(路面電車)路線圖

要怎麼遊覽廣島縣內的觀光景點？

以廣島市區為起點，搭乘JR山陽線、吳線及廣島電鐵的路面電車在縣內移動較為便利。隨著目的地不同，也有可能搭乘高速巴士、路線巴士或船會更便利。

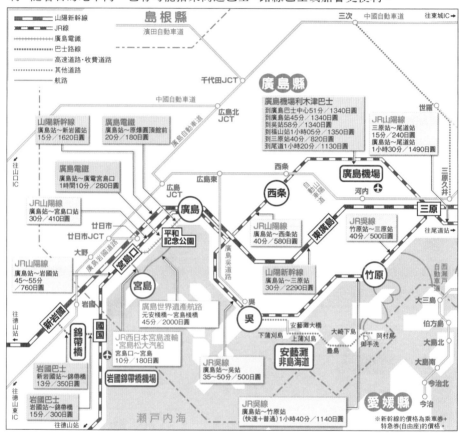

🌸 也有巴士　有些路線班次很少，在白天便於觀光的時段不行駛，請特別注意。

	路線	巴士暱稱	所需時間	單程價格	班次	洽詢
往岩國（錦帶橋）	廣島BC～錦帶橋～岩國站前	錦帶ブルーライナー	1小時10分	950日圓	1日11～13班	岩國巴士
往安藝灘島海道	廣島BC～廣島站～吳前～下蒲刈島(見戶代)～上蒲刈島(戀灣濱)～大崎下島(御手洗港～沖友天滿宮前)	とびしまライナー	2小時29分	2,090日圓	1日4班	山陽巴士
往吳	廣島BC～吳站前～吳本通り六丁目	クレアライン	53分	740日圓	5～20分班	廣島電鐵巴士/中國JR巴士
往竹原	廣島BC～廣島站～竹原站～竹原渡輪前	かぐや姫号	1小時27分	1,340日圓	1小時1～2班	藝陽巴士
往三段峽	廣島BC～安藝太田町役場～三段峽(經高速道路)	高速三段峽線	1小時15分	1,440日圓	1日5班	廣島電鐵巴士

☎ 洽詢電話一覽
巴士
- ●岩國巴士
☎0827-22-1092
- ●山陽巴士
☎0846-65-3531
- ●廣島電鐵巴士
☎082-835-1860
- ●中國JR巴士
☎082-845-6066
- ●藝陽巴士
☎082-424-4721

交 通 小 知 識

●宮島、瀨戶內Gururin Pass

網羅了廣島、宮島、岩國、吳等本書介紹的區域。來回的新幹線為指定席。3日內可以自由搭乘JR線、廣島的路面電車及觀光船，也包含下圖的5個觀光設施的入場券。大阪市內的通票為20500日圓，比大阪來回廣島的新幹線還便宜，不過一次需2人以上使用，販售及使用日前日。

洽詢：JR西日本

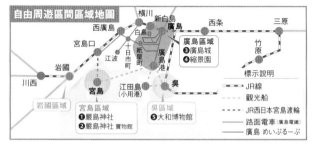

自由周遊區間區域地圖

橫川　新白島　廣島　西条　三原

西觀音　　白島　　廣島區域　　　竹原
　　廣島口　　　紙屋　　　③廣島城
　岩國　　十日市町　町　廣島　④縮景園
　　　　　江波　　　　　　港
　川西　　　　　　　　　　吳
　　　　　　　　　江田島　　　　標示說明
　岩國區域　　　　（小用港）
　　　　　宮島區域　　　　　　　　JR線
　　　　　①嚴島神社　吳區域　　　觀光船
宮島　　　②嚴島神社 寶物館　⑤大和博物館　 JR西日本宮島渡輪
　　　　　　　　　　　　　　　　　路面電車（廣島電鐵）
　　　　　　　　　　　　　　　　　廣島 めいぷるーぷ

●Maple Sky

在廣島市內行駛的2層開放式觀光巴士。可以享受車窗風景的「廣島市內兜風車窗路線」，於廣島站新幹線口10:10、13:10（冬季停駛）、19:10（冬季停駛）發車，所需時間約1小時30分（不下車觀光）。「廣島市內平和記念公園下車路線」會在平和記念公園下車觀光1小時，於廣島觀光1小時，是從廣島站新幹線口15:10發車，所需時間約2小時。各班次皆在週五、週六、週日、假日、黃金週和暑假期間行駛，價格為2000日圓。加上「ひろしま　めいぷる～ぷ」1乘車券的套組為2200日圓。

洽詢：中國 JR バス（電話預約中心）　☎ 0570-666-012

●HIROSHIMA RIVER CRUISE

搭乘充滿荷蘭風情的遊覽船「巴倫號」水上散步，從水上遊覽「水之都廣島」的四季風景。從原爆圓頂館附近的元安橋下元安棧橋，10:00～16:20之間有8班（有休息日，需再確認），所需時間約25分，價格為1200日圓。週五、週六的傍晚也有17:00出發的夕陽路線，所需時間約40分，價格為2000日圓（附飲料）。最晚須在乘船前日預約。

洽詢：アクアネットサービス　☎ 082-246-1310

●兩個空中纜車

「宮島空中纜車」搭乘纜車攀登宮島的彌山很方便，從紅葉谷站搭乘循環式的紅葉谷線，於榧谷站轉乘交走式的獅子岩線，抵達獅子岩站。來回1800日圓，觀光時間加上乘車時間為1小時左右，到彌山山頂來回需約1小時。

洽詢：宮島空中纜車　☎ 0829-44-0316

「岩國城空中纜車」從岩國美術館附近的山麓站發車，到城山（海拔約200m）的山頂站約3分。從展望台可以眺望到錦川和錦帶橋、舊城下町，最遠還可以眺望到岩國機場、瀨戶內海的島嶼群。來回為550日圓。

洽詢：岩國城空中纜車　☎ 0827-41-1477

●廣島Bay Cruise 銀河

瀨戶內海汽船「銀河」可以從海上眺望廣島的嚴島神社、在廣島灣內邊用餐邊享受水上遊覽。午餐路線為12:00從廣島港出發→14:30抵達，6000日圓起；晚餐路線為18:50從廣島港出發→21:00抵達（週六、週日、假日提早1小時出發），9000日圓起。此外，也有廣島方案7200日圓起，在宮島港下船，搭渡輪觀光宮島，再搭高速船回廣島港。有休航日，需再確認。

洽詢：廣島 Bay Cruise 銀河（瀨戶內海汽船）　☎ 082-255-3344

廣島宮島NEWS

奢侈得盡情享受大海&多島嶼之美
瀨戶內マリンビュー

「瀨戶內マリンビュー」的漫遊列車以船和海洋為概念製作而成，經來線從廣島站→吳站→三原站來回行駛一次。可以邊眺望瀨戶內海寧靜的多島嶼之美，邊享受悠閒而優雅的火車之旅。保證有座位的指定席為寬大的沙發座椅，需再加520日圓。

洽詢＝JR西日本

廣島的觀光循環式巴士
「ひろしま　めいぶる～ぶ」

廣島市內的循環巴士，方便遊覽廣島市中心區域的觀光景點、美術館等地。有橘線（經美術館）和綠線（經廣島燒村）兩個路線。以廣島站新幹線口為起點，經廣島縣立美術館、紙屋町、平和記念公園和世界遺產「原爆圓頂館」等景點，約50分。搭乘在廣島站新幹線口的9:00～17:45之間，每15分交互行駛。搭乘1次為200日圓，1日乘車券為400日圓。

洽詢＝中國JR巴士☎082-261-0622

搭乘豪華巴士觀光
「DREAM SLEEPER」

所有房間皆設有房門的包廂高速巴士，每日行駛於東京（大崎、水道橋）～廣島之間。21:50從大崎站西口出發，經水道橋東京巨蛋站，9:35抵達廣島站新幹線口，9:45抵達廣島巴士中心。車廂為1樓內以隔板和門隔成包廂，每個座位皆備有桌子和插頭，還有免費Wi-Fi可供使用。也附有盥洗用品，車內也有化妝空間。

洽詢＝中國巴士☎084-954-9700

使用划算的觀光設施、餐廳優待券
「広島おもてなしパス(HOP)」

住在廣島市內主要的飯店、旅館，在飯店、旅館購入「一日乘車券」，就會附上「広島おもてなしパス」（優待券），可以使用在市內觀光設施或餐廳。因此在住宿地點購入一日乘車券會比較划算。一日乘車券有巴士400日圓、路面電車600日圓、路面電車+船840日圓，共有3種票券，可以依旅行目的選擇。

洽詢＝広島おもてなしパス実行委員会
☎082-504-2676

旅遊廣島、宮島前的
相關小知識

收集了以廣島為舞台的書和電影，還有外景拍攝地、
各地的活動資訊等等。出發前預習一下，享受更愉快的旅行。

外景拍攝地

廣島是知名的「海猿」等熱門電影和連續劇的外景拍攝地。請務必看看作品並遊覽這些外景拍攝地。

吳

吳因為是電影「海猿」和「男人們的大和／YAMATO」的拍攝地而聞名。市內分布著在「海猿」訓練場景中出現過的兩城200階樓梯（照片）等景點。

洽詢☎0823-25-3309
(吳市觀光振興課)。
吳觀光情報廣場官網也有地圖等資訊介紹

第1術科學校構內（舊海軍兵學校）

曾是世界三大軍校之一的「舊海軍兵學校」，現在是海上自衛隊在使用。保留著明治時期的紅磚等眾多當時的建築，也是連續劇「坂上之雲」的外景拍攝地。

DATA ☎0823-42-1211 ¥免費參觀 ⏰平日10時30分、13時、15時、週六、日、假日為10時、11時、13時、15時(參觀時間的30〜5分前於正門申請※團體需預約，需1小時30分)休年期間(每月第2、4週二教育參考館休館) 江田島市江田島町国有無番地 MAP附錄背面D4

祭典、活動

廣島有很多令人非常興奮的活動，例如廣島三大祭和美食活動等。和廣島人一起享受這些活動！

1〜3月 牡蠣祭

廣島、宮島、吳周邊的沿岸地區，會舉辦牡蠣祭和活動。也有超便宜美食和直接販售牡蠣的地方，吸引很多人，非常熱鬧。

DATA →P37(宮島牡蠣祭)、57(廣島牡蠣之路)

4月 造幣局廣島支局花之迴覽道

以欣賞八重櫻盛地而聞名的景點。每年有200棵以上的櫻花盛開，也可以觀賞到大手毬和御衣黃等少見的品種。

☎082-922-1597 廣島市佐伯区五日市中央6-3-1 MAP附錄背面C3

5月 HIROSHIMA FLOWER FESTIVAL

在每年的黃金週期間舉辦。主要會場在平和記念公園和平和大通上，會聚集160萬以上的人潮。

☎082-294-4622 平和記念公園・平和大通等 MAP P114A2、P115D3

6月 稻荷大祭

廣島三大祭典之一，在興隆寺舉行。每年都會吸引45萬餘人參加，別名「始著浴衣之祭」，也是很有名的浴衣祭典。

☎082-241-7420(圓隆寺) 広島市中区三川町8-12 MAP P115D3

8月 住吉大祭

廣島三大祭典之一，在住吉神社舉行。被暱稱為「住吉桑」，也有「夏越之祓」儀式和煙火。

☎082-241-0104(住吉神社) 広島市中区住吉町5-10 MAP P111D2※每年的舉行日期不同

8月 平和記念式典

每年8月6日舉辦，撫慰原爆死者的靈魂，並祈求世界永遠和平。8時15分會默禱1分鐘。

DATA →P69

8月 宮島水中花火大會

從水中煙火船投向大海的煙火，會和音響同時爆開。照亮嚴島神社的大鳥居和神社建築。
DATA →P29

10月 HIROSHIMA FOOD FESTIVAL

在廣島城周邊舉行，以當地生產當地消費為主題，縣內名產食品齊聚一堂的祭典。
DATA →P106

10月 町並竹燈～竹原憧憬之路～

人約用了5000個竹燈，照亮竹原市的「町並保存地區（P132）」。也有展示竹子藝術品。
☎0846-22-7745 🏠竹原市町並保存地區一帶 **MAP** P133B1

11月 廣島胡子大祭

廣島三大祭典之一。胡子神社祭典以獻祭保佑商業繁盛的「惠比壽神」而為人熟悉。福娘3人也會登場。
☎082-241-6268（胡子神社）🏠廣島市中區胡町5-14 **MAP** P115D1

11～1月（預定） 廣島夢幻彩燈節

冬季慣例活動，用霓彩燈飾將平和大通和並木通圍繞起來，閃耀的光點創造出浪漫的世界。
DATA →P87

公園、庭園

廣島市郊外分布著可以接觸到花草動物的療癒景點。最適合家庭出遊或是約會。

廣島市安佐動物公園

位約25公頃的廣大公園內，以接近野生的方式飼養獅子、老虎和大象等約155種、1600隻動物。
☎082-838-1111 🏠廣島市安佐北區安佐町動物園 **MAP** 附錄背面D1

廣島市植物公園

廣闊的公園內盛開著季節花草，有薔薇園和秋海棠溫室等各種溫室，充滿看頭。
☎082-922-3600 🏠廣島市佐伯區倉重3- 495 **MAP** 附錄背面C2

花綠公園

園內的「石楠花之國」，有177種品種、5500棵石楠花，在4月上旬～5月上旬會有各色的花朵盛開。
☎082-837-1247 🏠広島市安佐北区安佐町久地2411-1 **MAP** 附錄背面D1

廣島遊學之森 廣島市森林公園

為了讓市民能親近森林，更加了解林業而建的公園。附設有昆蟲館、草地廣場等一日露營場。
☎082-899-8241 🏠広島市東区福田町字藤ヶ丸10173 **MAP** 附錄背面E2

半兵衛庭園

廣達1萬坪的日本庭園。春天可以賞櫻和杜鵑、秋天可賞紅葉等等，也可享用日本料理和咖啡。
☎082-282-7121 🏠広島市南区本浦町8-12 **MAP** P111F3

廣島的方言

廣島方言充滿了人情味和魅力，在此介紹代表性的用語。

～ ja ken、jake …～所以
～ shin sai、shin chai …～這樣做
bu chi …非常
ha bu te ru …鬧彆扭
sa ge ru …拿起來
i na ge na …奇怪的

ko su i …狡猾
i ken …不可以、不行
a rya sen …怎麼可能
so ge na …像是那樣
ta chi ma chi …總之
chi ta、chi i do …一點點
mi te ru …消失不見

ho i ja no …那麼、你好
ka ba chi wo ta re ru …抱怨
cha tta …很多、滿滿的
ka e kko …交換
i nu …回家

INDEX 索引

廣島・宮島

143

【 叩叩日本系列 11 】

廣島 宮島

作者／JTB Publishing, Inc.
翻譯／洪禎韓
校對／楊毓瑩
執行編輯／林德偉
發行人／周元白
出版者／人人出版股份有限公司
電話／（02）2918-3366（代表號）
傳真／（02）2914-0000
網址／http://www.jjp.com.tw
地址／23145 新北市新店區寶橋路235巷6弄6號7樓
郵政劃撥帳號／16402311 人人出版股份有限公司
製版印刷／長城製版印刷股份有限公司
電話／（02）2918-3366（代表號）
經銷商／聯合發行股份有限公司
電話／（02）2917-8022
第一版第一刷／2018年6月
定價／新台幣320元

日本版原書名／ココミル
日本版發行人／宇野尊夫
Cocomiru Seires
Title: HIROSHIMA，MIYAJIMA
©2017 JTB Publishing, Inc.
All Rights Reserved.
First published in Japan in 2017 by JTB Publishing, Inc. Tokyo
Chinese translation rights arranged with JTB Publishing, Inc.
Through CREEK and RIVER Co., Ltd. Tokyo

廣島 宮島 / JTB Publishing, Inc.作；
洪禎韓翻譯. -- 第一版.
-- 新北市：人人, 2018.06
面；公分. --（叩叩日本系列；11）
譯自：広島.宮島
ISBN 978-986-461-141-6（平裝）
1.旅遊 2.日本廣島縣
731.7669   107006127

CC

本書中的各項費用，原則上都是取材時確認過，包含消費稅在內的金額。但是，各種費用還是有可能變動，使用本書時請多加注意。

◎本書中的內容為2017年6月底的資訊。發行後在費用、營業時間、公休日、菜單等營業內容上可能有所變動，或是因臨時歇業等而有無法利用的狀況。此外，包含各種資訊在內的刊載內容，雖然已經極力追求資訊的正確性，但仍建議在出發前以電話等方式做確認、預約。此外，因本書刊載內容而造成的損害賠償責任等，弊公司無法提前保證，請在確認此點之後再行購買。
◎本書刊載的商品僅為舉例，有售完及變動的可能，還請見諒。
◎本書刊載的入園費用等為成人的費用。
◎公休日省略新年期間、盂蘭盆節、黃金週的標示。
◎本書刊載的利用時間若無特別標記，原則上為開館（館）～閉店（館）。停止點菜及入店（館）時間，通常為閉店（館）時刻的30分～1小時前，還請多留意。
◎本書刊載關於交通標示上的所需時間僅提供參考，請多留意。
◎本書刊載的住宿費用，原則上單人房、雙床房是1房的客房費用；而1泊2食、1泊附早餐、純住宿，則標示2人1房時1人份的費用。標示是以採訪時的消費稅率為準，包含各種稅金、服務費在內的費用。費用可能隨季節、人數而有所變動，請多留意。
◎本書刊載的溫泉泉質、效能為源泉具備的性質，並非個別浴池的功效；是依照各設施提供的資訊製作而成。
◎「この地図の作成に当たっては、国土地理院長の承認を得て、同院発行の50万分の1地方図、2万5千分の1地形図及び電子地図25000を使用した。（承認番号　平29情使、第444-222号）」

「この地図の作成に当たっては、国土地理院長の承認を得て、同院発行の数値地図50mメッシュ（標高）を使用した。（承認番号　平29情使、第445-127号）」
●版權所有・翻印必究●